AI防災革命

災害列島・日本から生まれたAIベンチャーの軌跡

村上建治郎
MURAKAMI KENJIRO

幻冬舎MC

AI防災革命

災害列島・日本から生まれたAIベンチャーの軌跡

はじめに

記録的な大雨や洪水、熱波、干ばつなど人々の暮らしを脅かす災害が後を絶たない。

これらの一因として考えられているのが地球温暖化による気候変動だ。気候変動が地球環境に及ぼす影響についてはすでに多くの研究がなされているが、２０２１年のノーベル物理学賞に、地球温暖化の影響予測を世界に先駆けて発表した眞鍋淑郎氏が選ばれたことで日本でも改めてその影響について議論が活発になってきた。

日本は元来、自然災害の多い国ではあるが、近年は気候変動の影響と思われる災害がこれまで以上に頻繁に起こるようになってきた。

ドイツのシンクタンクであるジャーマンウォッチが発表した「世界気候リスク指数２０２１」によると、気候変動による災害リスクの深刻な順に並べた「２０１９年に最も影響を受けた10カ国」ランキングで日本は世界１８０カ国中、第４位の高リスク国と報告されている。ちなみに日本より上は１位がモザンビーク、２位がジンバブエ、３位がバハマで、トップ10の中に入っている先進国は日本だけである。

事実、気象庁の調査（２０２１年）によるとゲリラ豪雨の発生回数は１９７６年から１９８５年の10年間の平均が約２２６回だったのに対し、２０１１年から２０２０年は約３３４回と約１・５倍に増加している。これにともない、各地で堤防の決壊や大規模な土砂崩れの頻度が高まっている。

予期せぬ災害と被害に対して、何かできることはないか――その思いから私が力を注いできたのが、ＡＩなどを活用した情報解析技術で災害状況を「可視化」し「予測」することだ。

防災という分野は、長らく土木や建設業が大部分を担ってきた。防波堤の増強、耐震・免震の強化がそれだ。その大切さは今も変わらない。しかし、想定外の被害を減らすために今後より重要になってくるのは、リアルタイムに状況を見える化し予測することである。

例えば、集中豪雨が起きた際「この１時間後には、どの川が決壊し、どこでどのように土砂災害が広がるか」を、即時かつ高い確度でわかったとしたらどうだろう。たとえ川の堤防が失われたとしても、確実な避難によって人命が失われるリスクは大幅に減らせるはずだ。リアルタイムで起きている災害を的確に知ることは、そういったリスクを抑えるためのもっとも確実な人命救助の手段となる。

そんな新しい防災のカタチを、ＡＩによって実現しようとしているのが私が起ち上げたスタートアップ、スペクティだ。「災害現場で今何が起こっているのか?」「被害状況は?」といった情報をＳＮＳ投稿などからＡＩが精査・解析し、可視化することで「予測する防災」を可能にしたサービスを提供している。現在、全国47都道府県の防災部門の８割で導入され、民間企業でも約５００社が採用するまでになっている。

スペクティの原点は、阪神・淡路大震災にまで遡る。国内史上初めての震度7を記録したこの災害では６４００人以上が亡くなり、約64万棟の住宅被害が発生した。当時、関西の大学に通っていた私は、神戸市東灘区のアパートに住んでいた。阪神高速道路の高架橋が倒れ、周辺被害が甚大だったエリアである。幸い難を逃れたが居ても立ってても居られず、被災地のボランティア活動に飛び込んだ。そのときから「防災で何か役に立ちたい」という思いは、私のなかで強い芯となった。

東日本大震災でも、私は被災地支援のボランティアに参加した。現地に足を運ぶたびに被害の甚大さ、悲惨さに打ちのめされた。しかし、それでも何かの役には立ちたいと思った。

会社のボランティア休暇、有給休暇をすべて使い果たし、貯金を切り崩しながら汗を流す日々を通し、やがて「防災をライフワークにしたい」という思いが強くなった。二つの大災害の現場に立ち、正面から防災に向き合いたいと思ったのだ。そこで出した答えが「防災で起業する」であった。

アイデアの核にはSNSの活用があった。東日本大震災の当時、テレビなどで報道されている情報と、被災地の現地の状況とはあまりにも異なっていた。例えば、あるテレビ局は「3・11」から1か月あまりが過ぎた頃、ゴールデンウィークを控え、全国から大勢のボランティアが集まっているシーンを放映した。その光景をみると、東北全体で「ボランティアはもう十分足りているのでは?」との印象を受けた。しかし、実際はちがった。各地で人手が足りず、困っている自治体がたくさんあったのだ。一方で当時まだ広がり始めたばかりのツイッターでは、現地で何が起きているのか、何が必要なのかを的確に伝えているという印象を受けた。このSNS情報を活用して、もっとリアルな防災情報を共有できないだろうか。そんな実体験が起業とサービスの開発につながった。

２０１１年の東日本大震災から、早いもので10年が経過している。日本の防災意識は全国的にさらに高まりを見せているが、それをあざ笑うかのように、地震、台風、水害などで予想を大きく上回る被害が各地で相次いでいる。災害大国である日本は、今も予報技術の開発や防災設備の建設に巨額の予算を投じているが、天災はそうした努力を易々と凌駕する規模で人間をいつも圧倒するのだ。ハードの力で災害に対抗するには限界がある。ならば、情報の力でその脅威に対抗できないか。それが私の考え方である。

本書では、そんな私が「防災」という領域でゼロから事業を成長させてきた道のりを振り返りたい。そして目的の一つは、「防災×ＡＩ」で何ができるのか、何をするべきなのか、その現状と未来の可能性について皆さんに知ってもらうことである。防災の分野ほど情報の価値が問われるものはない。新しいサービスを立ち上げてきた経緯や、それが社会にどのように役立つのかということを伝えたいと思う。

さらに、今振り返ると私の起業ストーリーには「起業」に関する重要なエッセンスが含まれていると思う。市場規模の捉え方、顧客との向き合い方など、これから起業しようと考えている人たちにとって、何か考え方の基点となればと思い、私の経験と知見を記したいと思う。

本書が防災についての理解を広げ、志ある起業家にとっては事業拡大のヒントとなることで、より幸せな社会につながるささやかな一助となれば幸いである。

目次

第1章 2つの大震災から生まれた小さな魂——「防災で起業する!」

第2章 報道機関向けアプリケーションを開発するも資金繰りが限界に……破綻直前に「志」が運命を救う

第3章 小さな成功に惑わされず、起業時の目的に立ち返る 新たなテクノロジーを活用して全国シェア獲得

第4章

「市場のサイズ」「起業の常識」より大事なもの 「わが道」を選び続けることが事業成長につながる

第5章

防災は「未来」を見るステージへ AIの活用が次の成長を促進させる

第1章

2つの大震災から生まれた小さな魂——「防災で起業する!」

阪神・淡路大震災で体験した震災ボランティア

私が防災を主軸に起業した経緯には、日本が戦後に経験した二つの大震災が大きく関係している。

一つ目は、1995年1月17日の早朝、午前5時46分に発生した阪神・淡路大震災である。地震の規模はマグニチュード7・3を記録し、実に死者6434人、負傷者4万3792人もの人的被害を出した。住宅被害は64万棟近くにも上り、7000棟以上の家屋が全焼した（2005年12月22日消防庁まとめ）。被害総額は、兵庫県の推計によれば、建築物、港湾、高速道路、商工関係、ガス・電気、鉄道、文教施設など多岐にわたり合計9兆9268億円にも上る。

神戸市・芦屋市・西宮市・宝塚市及び淡路島の一部では初めて「震度7」が適用され大阪府内でも震度6が適用されるなど、東北から九州にかけて広い範囲が揺れに見舞われたのである。

私はこの日、神戸市東灘区のアパートで布団の中にいた。高校を卒業してから、関西の大学に在籍し、１年目の年であった。

東灘区は、神戸市でも特に被害が大きかったエリアである。東灘区の深江地区では阪神高速道路神戸線が６３５メートルにわたり17基の橋脚が倒壊した。布団に寝ていた私は、突然の大きな揺れに驚いて目を覚まし、なんとか身の安全を確保して一命を取り留めた。揺れが収まりやっとの思いで外に出てみると、私が住んでいたアパートはすべて潰れ、周辺の民家や建物もことごとく倒壊していた。

なんとか近くの小学校にたどり着き、そこで一夜を過ごした後、翌日から周辺地域でのボランティア活動に身を投じた。震災直後より、全国各地から延べ１８０万人（97年12月末までの推定）ものボランティアが被災地に駆けつけたが、私もその一人であった。瓦礫の撤去、炊き出しの手伝いなど、やれることはたくさんあったので、被災したその日から４月一杯、私は毎日あちこちに出かけ、何かをせずにはいられなかった。

東京の実家に帰れば、わざわざ不便な避難所生活を送る必要はなかった。だが、自分と同じようにあの揺れを体験し、恐怖し、生き延びた人達が私以上に困っている。同級生にも犠牲者がいるなかで、自分だけが快適な実家に帰ることは、どうしてもできなかった。特別な知識もスキルもなかったが、体が動くなら、せめてボランティア活動をしようと私は決めたのだった。

この時以来、学生生活の合間を縫って、さまざまな災害ボランティアに参加するようになった。

東日本大震災で感じた違和感

2011年3月11日午後2時46分。未曾有の大災害が東日本を襲った。三陸沖を震源とする、東日本大震災だ。

地震の規模は日本国内観測史上最大規模のマグニチュード9・0。これは、1900年以降の世界で4番目に大きい地震である（アメリカ地質調査所による）。

さらにこの巨大地震により、海岸線には壁のような津波がそそり立ち、多くの人命を飲み込んでいった。各地を襲った津波の高さは、福島県相馬では9・3m以上、岩手県宮古で8・5m以上、大船渡で8・0m以上、宮城県石巻市鮎川で7・6m以上などが観測（気象庁検潮所）されたほか、宮城県女川漁港で14・8mの津波痕跡も確認

（港湾空港技術研究所）されている。

この地震と津波による被害は死者1万４５１７人、行方不明1万１４３２人、負傷者５３１４人。18都道府県の13万人以上が被害に遭い、建物被害・全壊は7万６８００戸にも上った（警察庁２０１１年４月27日発表）。被害総額は内閣府によれば、阪神・淡路大震災の１・７倍にも上る16・９兆円と推計されている。

当時、私は東京で外資系のＩＴ企業に勤務していた。揺れが収まったあと、まず思ったことは、「すぐに被災地に行かなければ」であった。

災害が発生したときに足りないのは物資と人手であることを私はもはやよく知っていた。どんな災害であろうと、人手は必ず不足する。「ボランティアは、すぐ入ったほうがいい」と私は感じていた。

周りの仲間にも声をかけ、私は、すぐにボランティア活動の準備に取りかかった。津波に破壊し尽くされた現場に立った時、文字通り言葉を失い、ただ唾を飲み込むしかなかったことを覚えている。私は指示に従い、黙々と瓦礫の撤去を協力して行った。

震災直後の騒然とした状況が過ぎ、ゴールデンウィークになると、休みを利用してボランティアに参加する人々をテレビが中継するシーンを多く見かけるようになった。しかし、そのどれもが私には、違和感を禁じ得ないものばかりであった。

例えば、ある情報番組では、甚大な被害を受けた宮城県石巻市のボランティアセンターを取材陣が訪問し、受付に並んでいるボランティア希望者の行列の模様が中継された。レポーターは「全国各地からボランティアが集まっています」という主旨で現場の状況を説明していた。テレビに映し出される光景を見ていると「これだけ人が集まっているのであれば、今から行っても、もうやることはないのでは?」と錯覚するほどだった。

だが、そんなはずはないのである。ゴールデンウィークには1日1万人のボランティアが集まったが、震災後の3カ月間で活動したボランティアは、阪神・淡路大震災が延べ約117万人だったのに対し、東日本大震災で甚大な被害を受けた東北3県では延べ約42万人なのだ。

阪神・淡路大震災の規模ですら、震災後は人手不足で大変だった。まして、桁違いの被害で広範囲にわたり破壊されたこの被災地で、その3分の1の人数で人手が足りていることなどあり得ない。

やるべきこと、できることはいくらでもあるはずだ。実際、私が石巻市のすぐ隣の東松島市に行ってみると、ここのボランティアセンターの係の人は「誰も来てくれない」

「人が足りなくて困っている」と嘆いていた。

特に津波の被害に遭った地域では、膨大な量の瓦礫を撤去する必要があった。発生した瓦礫の推定量は被災3県合計で２０００万トンを超えており、これは阪神・淡路大震災の約１・７倍に相当する量である。人が余っていることなど、あろうはずがない。

しかし、その情報は的確に共有されていない。現実と報道とのギャップを肌で感じながら、私は宮城県東松島市に10日ほど滞在し、ボランティア活動を行った。

メディアの情報は現場を反映していなかった

メディアから発信される情報と実際の現地で得られる情報には大きな乖離がある。東京のテレビで見られる情報と現場の状況はまったく違う。

東松島市で私はそのことを強く実感した。特にテレビという媒体は、事実の一面をセンセーショナルに切り取って映すことには長けているが、カメラが行ったその場、その瞬間の情報しかとらえられない。「現場の様子」というが、それはたった一カ所の事実に過ぎない。しかし、番組でその場所、その瞬間が象徴的に取り扱われてしまうと、あたかもそれが全体の情勢であるかのように誤解されてしまうのである。

被害が大きかった石巻市は、代表的な被災地であったため、さっそく人が集まり、テレビの中継が入り、多くの人が集まった。それをテレビは「全国からこんなにボランティアが来ています」と中継した。

それによって、東北全体で同じようにボランティアが集まっているかのような錯覚を視聴者に与えてしまっていたのである。しかし、東北全体がそうだったわけではない。人が足りていないところは、当時、いくらでもあった。

テレビという媒体には、「たまたま中継車が入った場所の状態が映るだけ」という縛りがどうしてもつきまとうことを私は痛感した。これでは本当の災害の状況を把握し、的確な対処をすることができない。報道機関が被災地の力になりたいと思っても、効果的に役割を果たせていないのだ。

ＳＮＳが発信するリアルタイムな現地情報

この点、現地の情報がより詳細かつリアルタイムに共有されていたのは、様々なＳＮＳサービスにおいてであった。ツイッター、フェイスブックなどは２００９年頃から日本でも広まり始めており、例えば２００９年４月時点での日本国内のツイッター利用者数は52万人であった。ＬＩＮＥも東日本大震災をきっかけに、携帯メールの代わりとして使い始める人が増えてきた頃だった。

ツイッターでは、「ここではボランティアを募集している」「ここではこんな物資が足りていません」といった現地の生の声が「つぶやき」（ツイート）として発信されていた。震災発生前の１日の平均ツイート数が約１８００万件だったのに対し、震災当日の３月11日は、約３３００万件と１・８倍に増加したのだ。震災後１週間も約２５００万件以上の日が続き、以降も約２２００万件を超えるなど、震災前と比較して平均ツイート数が20％以上増加した。プロが取材、編集をして発信するテレビの情報よりも、ツイッターで一般の人たちがつぶやく情報のほうが、より真実に近い声であることを私は実感した。

ただ一方、この一人ひとりの声が重要な情報として多くの人に注目され、必要な支援につながっていくには、何らかの方法が必要だった。

私に何かできることはないだろうか。ＳＮＳで個人が発信する情報から、重要なものを拾い上げ、災害の状況、ボランティアの状況として統合し、どこで何が起きていて、何が必要かが地域ごとに分かるようにすることができないだろうか。

ＩＴを駆使して、そんな仕組みを作ったらどうだろう。

この思いが、起業のきっかけとなった。

被災地を離れることができなかった

当時、私はＩＴ企業に勤め、法人営業を担当していた。東日本大震災のあと、有給休暇を使い果たし、特別に付与されたボランティア休暇を使い切ってもなお、私はボランティアで被災地に関わっていたかった。

私はもう被災地に立ってしまったのだ。あの凄絶な光景を目にしながら、「会社のルールの上限だから」という理由で、すべてを忘れて日常業務に戻ることなどできなかった。そこで私は一カ月の休職を申請し、災害ボランティアを続ける道を選んだ。

被災地のために身を粉にして働いていると、「災害で困っている人に役立つことをしたい」という思いはさらに強くなった。私は災害の現場で働きがいを感じていたのだ。

８月一杯の休職期間を終え、９月に会社に戻った。私は上司に「会社を辞めようと思っています」と報告した。

会社が嫌いというわけではなかった。仕事は順調だったし、私はそれなりに成果を上げているほうだった。職場の仲間にも恵まれており、楽しく働かせてもらっていた。

起業への憧れ

もちろん、休職期間中には「もう少し仕事を続けたほうがよいかもしれない」という迷いもあった。ただ同時に、震災とは関係なく「いつか起業したい」という思いもどこかにあった。

私は２００９年、早稲田大学の大学院に入り、ＭＢＡを取得していた。その頃から「起業して自分の事業で結果を出したい」という気持ちが生まれていた。

私が勤めていた会社も、シリコンバレーの小さなスタートアップが世界規模の大企業にまで成長したサクセスストーリーを体現したような存在だった。出張でシリコンバレーを訪れ、起業の文化に触れることもできた。自分の夢を事業で叶えることに憧れていた。

ただ、「いつか起業したい」の「いつか」は、もう少し先のことだろうとも思っていた。しかし、東日本大震災を経て、「世の中に足りないものは何か」をリアルに肌で感じてしまった。そこで、「この『いつか』は、『今』なんじゃないか？」という思いが強くなってきた。会社で使える休みをすべて使い果たした状態であり、「このままボランティアを続けるなら、もはや会社を辞めるしかない」と思い始めていた。

振り返れば、すべての状況が相まって少しずつ私を後押しし、起業に向かわせたのだともいえるだろう。２０１１年11月、私は会社を退職し起業した。

退職金は運転資金に消え、アルバイトで食いつなぐ

起業となれば、当然、先立つものは資金である。

会社を作ること自体には、さしてお金はかからないが、顧客がいるわけもない。当面は、収入ゼロで貯金を食い潰していく生活となった。

大手企業だったおかげで、退職金はそれなりに受け取ることができ、「アルバイトをすれば、２年くらいは大丈夫かな」と算段した。アルバイトはショップ店員、塾の講師、土日はイベント要員などを経験した。イベント要員は単発で入るアルバイトで、ショッピングモールや遊園地で子どもの相手をする役割であった。

こうして食いつなぎながら、私は資金集めに勤しんだ。

私のアイデアは、「個人から発信されるローカル情報を集約し、整理して扱いやすい形で提供する」というものである。これを事業企画にまとめ、出資してくれる人はいないかと探し回った。ビジネスコンペに応募したり、銀行に訪問して融資も依頼した。しかし、当時はＳＮＳ自体が新しいメディアだったこともあり、銀行の担当者は軒並み私

の説明を渋い顔で聞いていた。

創業資金として、政府系の金融機関で500万円ほど借りることはできた。ただ、これも返済の必要がある資金だ。売上がないから、借りたお金が増えることはない。アルバイトの給料をすぐに会社の口座に入れ直す日々で、いわば、単にお金を右から左に移しているだけの状態が続いた。

「面白そう」でついてきてくれたアキバ仲間

私がこのように経営者として奔走するなか、システムの開発に勤しんでくれたのは、秋葉原で出会ったエンジニアの二人であった。岩井清彦と藤田一誠である。

起業した当初、私は秋葉原のとあるコワーキングスペースで仕事をしていた。このスペースには、フリーランサーがよく集まっていた。そこで「こんなサービスを作りたい。だから、こういうエンジニアを探している」と、会う人会う人によく話していた。

そうしているうちに、条件に合うエンジニアと出会い、雇うことができた。こうして開発もスタートしたのだが、事業収益がなく、１年もするとすぐに給料が払えなくなった。当然ながら、そのエンジニアは私の元から去っていった。

その後、私はコワーキングスペースにいた岩井に声をかけた。２０１２年の終わりの頃である。「手伝ってくれないか。給料は出せないけど、どうしても実現したいことなんだ」と。思えば随分身勝手なリクエストである。労働の対価を払えないのだから、これはオファーですらない。

岩井は当時、大手ソフトウェア企業に勤めていた。個人的な活動としてスマートフォン用のアプリも作っていて、これがなかなかヒットしていた。コワーキングスペースを利用していたのは、自作アプリ開発を継続するためである。

私はこの非常に優秀な人物を捕まえて、言うなれば、「将来性」を盾に丸め込んだのだ。彼は「ＳＮＳ情報を有用な情報ソースとして活用する」という私のアイデアを「面白そうですね」と言い共感してくれた。しかし、それも半分は私が言わせたようなものだ。

とにかく、岩井はこうして私の事業にボランティアで力を貸してくれることとなった。１年後、同様にスカウトして藤田を仲間に加えることができた。二人は今、取締役として会社を支えてくれている。

アプリケーションは完成したものの……

災害情報をいかに取りまとめて共有するか。私がまず考えたのが、個人向けにローカル情報をリアルタイムに共有するサービスだった。

ユーザーは現地でアプリを起動すると、スマホの位置情報をもとに、周囲のローカル情報に関する個人のツイッターの投稿が画面上に表示される。そこでユーザーは、災害情報以外にもイベントや飲食店の情報などを収集できるというものである。

ツイッターそのものでは、自ら注目すべきユーザーを見つけたり、興味のある場所やイベントに関するつぶやきを検索して見つける必要があるが、このアプリでは、その手間がかからず、自分の周辺の情報を自動的に受け取ることができるのである。

一言でいえば、ローカル情報のリアルタイム収集アプリである。私はこれを「コロタウン」と命名した。

しかし、起業から2年後に完成したコロタウンは、残念ながら、まったくといっていいほど流行らなかった。

その理由は明らかである。自分でも使ってみるが、いつでも必要な情報が入ってくるかといえば、そうではなく結局ツイッターを直接検索したほうが便利だった。たまに知らないことが知れて面白いと思うことがあったが、その「たまに」は、本当に「たまに」しかなかった。

たくさんユーザーがいて、「今、こんなイベントやってる」「このラーメン屋さん、メニューが変わった」「公園でドラマの撮影してる」など、今まさに起きている情報で溢れ返っていて、いつでも周辺情報が知れるそんな世界を想像していたが、そうはならなかった。

「スペクティ」誕生

とはいえ、アイデアそのものは悪くないと、私は確信していた。

そこで、コロタウンの進化版を開発し、２０１３年の秋頃に開催されたスマートフォン向けアプリの展示会に出展した。すると一人の新聞記者がブースを訪れ、自分のスマホの画面を見せて言った。

「このアプリ使ってるよ。取材源を探すのに便利だね」

コロタウンの初期版から、私たちはＳＮＳ情報を集約する機能をより尖らせていた。エリアごとの投稿情報をより緻密に提供できるようにアップデートをしていたのである。

そのおかげで、イベント、お祭り、野球やサッカーの試合などのつぶやきが表示され、その集約度合いで現地での盛り上がりも見えるようになった。花火大会があると、その周辺にいるユーザーのツイッターの投稿が写真とともにたくさん表示され、自分もその場に参加しているような気持ちを味わうこともできた。

この機能は、新聞記者が記事のネタを見つけるのに役立つとの話であった。「どれを取材すべきか」の判断に、このアプリケーションが使えるというのである。

社内的に、私たちはこのアプリケーションを「スタジアムコネクト」と呼び、開発を続けていた。アプリケーションができて最初に現地の盛り上がりが可視化されたのが、とあるスタジアムでのサッカーの試合だったからである。

やがて、サービスとしてリリースする際、これを「Spectee（スペクティ）」と命名した。

「見る」を意味するラテン語を語源とする英語の接頭語・接尾語「スペクト（spect）」をもとにした造語である。spectを用いた単語には、spectacle（光景）、spectator（見物人）、perspective（視点）、inspect（調べる）などの言葉がある。様々な光景を様々な角度から可視化するアプリケーションにはぴったりの名前だ。

初めて公式にこの名前を使用したのは、スタートアップの動向や新しいテクノロジー情報を発信するメディア「テック・クランチ」が主催するイベントにおいてである。多くのスタートアップが集まるなか、自社を紹介する際、私たちは社名も新たに株式会社Specteeとして、「スペクティ」というスマホアプリを公開したのである。ただし、このときもプロダクトはなかなか注目を浴びる機会がなく、事業としては苦戦が続いていた。

「報道に使える」という光明

ただし、ブースに訪れた新聞記者との会話をきっかけに、『スペクティ』は記者仲間の間で使われている」という情報は得ることができていた。そこには光明もあった。現地の情報をリアルタイムで可視化するというアイデアは悪くないはずだ、ここに緊急性が加わる「報道向けならいけるのではないか」という思いが、私たちの間には強くあった。ならば、「スペクティ」は報道に向けて特化すべきかもしれない。そのように考え出した2014年4月、「渋谷のど真ん中で首都高が燃える」という大規模な火災が発生したのである。

それは渋谷区南平台町付近（高速3号渋谷線高架下）にある塗装塗り替え工事現場で発生した。照明器具の電球部分にシンナーが付着したことが原因で出火、足場シートにも着火し、火が燃え広がったというものであった。

この時、この火災に関するツイッター投稿は、「スペクティ」に次々と上がってきた。もちろん、テレビも現場に駆けつけて火災の様子を中継していたが、「スペクティ」に上がる情報はそれよりはるかに早く、多彩で、生々しいものであった。テレビ中継が始まる2時間前には、集約されたローカル情報として確認できていたのである。

テレビ報道を圧倒的に上回るスピードと現場の状況の把握力。私は「これだ！」と確信した。「スペクティ」なら、報道記者が現場に駆けつける前に、事故や事件の情報を集めることができる。とにかく情報の鮮度が命の報道現場では、高いニーズが期待でき

ICT Spring Europe 2014でのプレゼンテーションの様子

るに違いなかった。
　こうして２０１４年から、私は「スペクティ」を報道機関向けのサービスとして売り出すことに決めたのである。
　最初に報道向けアプリケーションとして「スペクティ」を公開したのは、ヨーロッパのルクセンブルクである。この年、ルクセンブルク大使館が募集するスタートアップの大会「ICT Spring Europe 2014」に応募したところ、見事に日本代表として選ばれ、現地でプレゼンテーションを行った。その後、10月にはフランスの通信会社Orangeが主催するスタートアップ支援プログラム「Orange Fab（オレンジ・ファブ）」にも参加し、メディア向けの新しい

ＩＴツールとして注目されるようになった。

こうして、「スペクティ」は国内よりも先に海外で名前を取り上げてもらえたのである。

さらに、２０１５年、グロバールに活躍するスタートアップ育成プログラムの草分け「オープン・ネットワーク・ラボ」にも参加した。このとき私たちは、はっきり「『スペクティ』は報道を変える」とテーマを絞ってプロダクトの価値を発信した。アプリケーションの可能性はそこに留まらないが、あえて「報道向け」に特化してプレゼンテーションを行ったのである。

コンセプトがわかりやすく尖っていた。私たちはこのプログラムで最優秀賞を受賞することができた。おかげで、国内にも「スペクティ」の存在が知られるようになった。

これが今の「スペクティ」の原型を作る流れとなったのである。

全国の報道機関をヒアリング行脚

さらなる開発を進めるなかで、私たちはテレビのキー局と地方局、大手および地方新聞社を訪ね歩き、「スペクティ」の機能について「このようなプロダクトがあったら、使いたいですか?」とヒアリングして回った。

しかし、期待に反し、その感触はあまり芳しいものではなかった。できたてのスタートアップで信用がないせいか、情報の速さや精度に不安があるからなのか、にべもなく「いらない」「使わない」と言われることが続いた。

そんななか、唯一ＮＨＫだけは、「スペクティ」の機能を評価してくれた。民放各局では、散々な言われようであったが、「ＮＨＫが使うならイケる」と私は確信した。そして、さらに開発を加速させた。

機能向上のためのベンチマーク比較には、アメリカで当時盛り上がり始めていた「シチズン・ジャーナリズム（市民発信のニュース報道）」をコンセプトにしたサービスや、ＡＩでツイッターを解析し、ニュースバリューの高い情報をピックアップするというサービスが注目を集めていた。なかでも、バンジョー、グラスワイヤーという2社が隆盛で、一般の人が投稿するＳＮＳ情報を報道向けに加工して提供するというところまで行っていた。

私たちは、このバンジョーのサービスに対抗できる品質を開発目標に設定した。

ちなみに、私がバンジョーのことを知ったのは、２０１４年にアメリカのテキサスを訪れたときのことである。「SNSを用いてスポーツを盛り上げよう」という主旨のカンファレンスが開催されており、そこにヒントを探しに渡米したのだ。

イベント後、帰りにシリコンバレーに立ち寄り、知り合いの伝手で現地の経営者やベンチャーキャピタルと意見交換をする機会を得ることができた。このとき「報道向けにSNS情報を集約するサービスを開発したいのだが、どう思うか?」と意見を聞くと、話を聞いてくれた経営者の一人が「それはバンジョーと同じだね」と教えてくれた。調べてみると、確かに同じコンセプトのサービスだった。

「すでにあるのか」とがっかりした半面、アメリカで結果を出しているなら、日本でも成果は上げられるはず、と確信を強くして私は帰国した。当時のバンジョーのサービスは、私たちのお手本だった。コンセプト、性能、SNS情報の駆使の仕方、ニュースへのつなげ方など、多くを参考にして「スペクティ」の機能を練り上げていった。

残念ながら、バンジョーは会社としてまだ存在してはいるものの、いまやかなり衰退してしまっている。ソフトバンクから多額の出資を受けたが、CEOである創業者に過去の汚点が発覚し、辞任に至ってしまった。もう一つの比較参考となったグラスワイヤーは、すでに存在していない。

「スペクティ」という名前が生まれた２０１３年頃、まだそれは地域ごとのＳＮＳ情報を集めて表示させるというだけのものであった。地元の盛り上がりを可視化するというほどの機能にすぎなかったのである。

それが翌年の秋頃から、より報道向けのニュースソースとして役立つように機能を特化させていこうという方針になった。実際に新聞記者が利用していることを知り、アメリカの先行事例に学べたことは、行くべき道を固めていくにあたり、大きな心の支えとなった。

ただし、まだこの頃の「スペクティ」はスマートフォン向けアプリケーションに過ぎなかった。パソコン版として進化し、より大量の情報を処理できるようになったのは、オープン・ネットワーク・ラボで最優秀賞を受賞した２０１５年の終わり頃である。バンジョーは、完成形としてスマホアプリを提供していたが、私自身は「それはゴールの形ではない」と感じていた。

報道機関が使うサービスなら、パソコン画面でさまざまな情報を一望できたほうが便利だし、より的確に取材ソースをピックアップできるようにしないといけないと思っていたからである。

2016年当時の報道向け「スペクティ」の初期バージョン

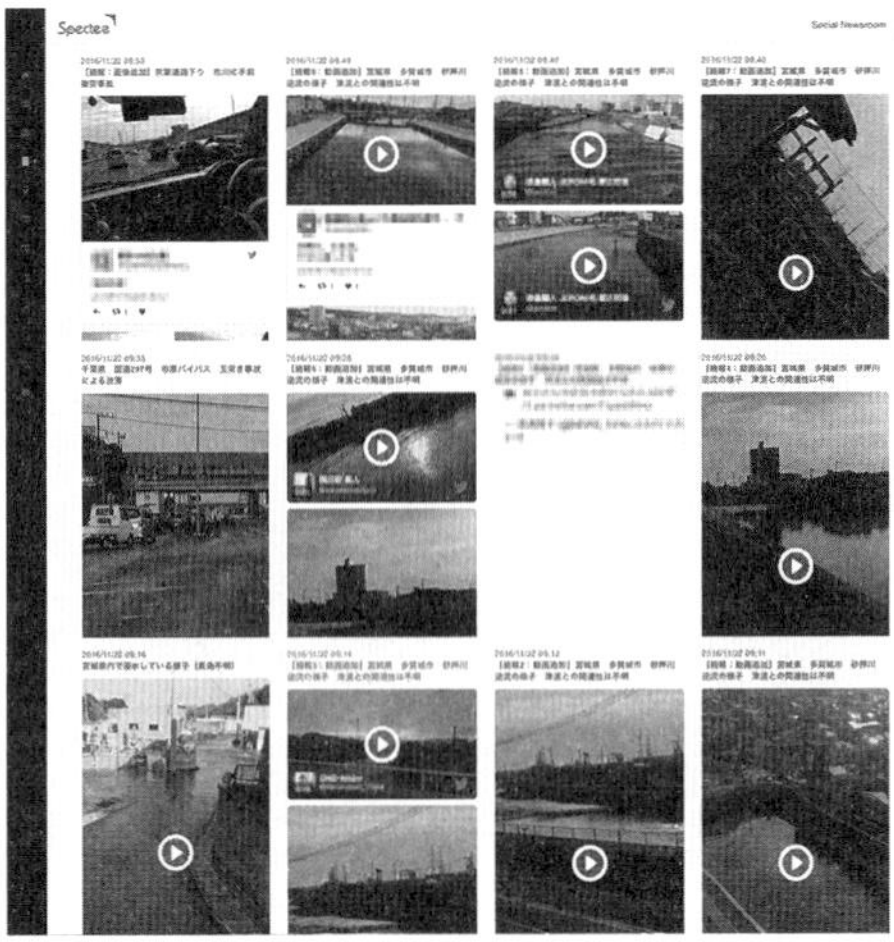

とはいえ、このときは「報道向けのサービスに特化する」と決めた私たちが、ほとんどひとり相撲をとっていたに過ぎなかった。テレビ局や大手新聞社などでは相手にされないことがほとんどだったし、使ってもらえたとしても「お試しで入れてみる」という程の扱いに過ぎなかった。

実際に「『スペクティ』が報道を変える」のスローガンが真実味を帯び始めたのは、それよりもう少し先の２０１６年４月のことであった。

第2章

報道機関向けアプリケーションを開発するも資金繰りが限界に……　破綻直前に「志」が運命を救う

熊本地震で知られざる現場の報道に寄与

「スペクティ」を報道向けサービスに尖らせて売り出すことにしたものの、当初はテレビ局も報道機関も軒並みこのサービスへの関心と評価は低かった。

唯一、好意的に関心を寄せ、報道向け「スペクティ」を導入してくれたＮＨＫでも、従来の情報収集網と合わせて、お試しとして使ってくれていた程度にすぎない。そのほか、導入していたごくわずかな地方テレビ局でも、「とりあえずどんなものか見てみよう」というほどの関心しか払われていなかった。

この潮目が変わったのは、２０１６年4月14日に発生した熊本地震がきっかけであった。

熊本地震は、4月14日午後9時26分に発生した「前震」がマグニチュード6・5、上益城郡益城町で最大震度7を観測し、続いて4月16日午前1時25分に発生した「本震」はマグニチュード7・3、上益城郡益城町および阿蘇郡西原村において最大震度7を観測したという大地震であった。さらに本震の32秒後には大分県中部でマグニチュード5・7の地震が発生するなど、同一地域において28時間以内に震度7の地震が2度も発生するという特異な地震であった。その後も震度６強が２回、震度６弱が３回など、最大震度５弱以上の強い地震が27回発生しており、２週間以内に起きた震度１以上の地震は阪神・淡路大震災（２３０回）の実に10倍にも及ぶ。

特に「前震」と「本震」をはじめとした強い地震は熊本県熊本地方や阿蘇地方、大分県中部などに大きな揺れをもたらし、死者は２７３名、重傷者は１２０３名にも上った。住宅被害は約８７００棟が全壊、約３万５０００棟が半壊である（内閣府）。

東日本大震災の頃よりもスマートフォンが普及し、ＳＮＳが当たり前となっていた。スマートフォンの普及と軌を一にするように利用が増加してきたのがＳＮＳである。

ＬＩＮＥ、フェイスブック、ツイッター等のＳＮＳのいずれかを利用している割合は、２０１２年の41・４％から、２０１６年には71・２％にまで上昇しており、特に若年層では、10代から20代のうち97・７％がＳＮＳを利用していた。

誰もがいつでもネットにつながっているという世の中は、まさに一億総カメラマンという状況であった。

そこで、熊本地震では、現場近くに居合わせた一般の人々が、盛んに目の前の状況を撮影して写真や動画をＳＮＳに投稿した。目の前の災害の状況をすぐに撮ってＳＮＳ

でシェアする。一人ひとりが現場のカメラマンとして、現場の状況を伝える。それが大規模災害で目立って展開されたのは、国内では熊本地震が初めてだったように思う。

報道向け「スペクティ」はこのとき、無数に投稿される情報をＡＩがいち早く解析し、ピックアップして重要な投稿を前面に表示するという処理をリアルタイムで実行し続けた。その結果、「庁舎が倒壊している」「崖崩れが起きている」「道路が寸断されている」「橋が崩れている」といった情報が、その都度、浮き彫りにされていった。

「スペクティ」を導入していたテレビ局ではこのような市民の投稿を放送で配信したり、投稿を元に取材チームを現地に派遣し、現地の生々しい様子を撮影したりしたのである。

「あの映像の情報源は？」と問い合わせが殺到

これまで、災害がどこで発生しているかという情報は、国や自治体、地元の警察や消防の発表などに頼ることが多く、それをもとにテレビが取材するため、局は違えど流れる映像には大きな差はなかった。

だが、熊本地震で「スペクティ」を使っている局だけは、違っていた。他局も取材していない災害現場の深刻な状況をカメラにとらえ、放映することに成功したのである。他局の報道のプロ達は、情報ソースが気になっていた。

そして後日、民放の報道人たちの情報交換会は『スペクティ』というサービスがあると いう話で持ちきりになった。あの局がスクープ映像を連発することができたのは、この「スペクティ」を情報源として活用したからだ、ということが周知されたのだ。「スペクティ」を導入している報道機関と導入していない報道機関では、即応性とスクープ力に大きな差があることを、ここにきて身を以て知ったのである。

ゴールデンウィークが終わると、民放各局からの問い合わせが殺到した。しばらく前にはサービスを紹介するも、けんもほろろだったことなど忘れたかのように「御社のサービスについて詳しく聞かせてほしい」と次々に勢い込んだ電話がかかってきた。プレゼンに訪問すると、説明を聞く前から「すぐにでも導入したい」という空気がひしひしと伝わってきた。

こうして、都内のキー局だけでなく、関西圏、中京圏、九州圏の主要テレビ局も「スペクティ」を次々に導入してくれた。そのおかげで、地方局にもユーザーは一気に広がることとなった。

その中でフジテレビは、5月の終わり頃から事業への出資を検討してくれた。出資が決まったのは7月であったから、これは相当なスピードで下された決断であったと思う。

報道機関で取材においてのSNSの活用が注目され始めたのは東日本大震災からであった。海外でも同じ頃、「アラブの春」など、SNSを通じて市民が情報発信し大きな革命につながる事案が起きていた。しかし、その当時の日本でのスマホの普及率は1割に満たない状況（総務省情報通信白書）で、まだまだSNSは主流のコミュニケーション手段ではなかった。

「一般の人の投稿も報道にとっては重要な情報源である」という認識はあったものの、それは取材のヒントとして使える、という程度の見方であったように思う。それがここまで即時性と的確さをもって使える情報源であると報道現場が理解したのが、熊本地震において「スペクティ」が果たした役割であった。

言い換えると、「スペクティ」というサービスが本当の意味で力を発揮できる社会的な状況がようやく整ったタイミングだったのだと考えられるだろう。

技術は認められても出資は得られない苦悩

熊本地震後に報道機関が「スペクティ」を導入する際、まずは1年間は「無料お試し期間」としてサービス提供をすることにした。そのため、報道各社の導入は進んだが、引き続き苦しい状態が続いた。

ようやく認知されたこの機を逃さないためにも、まずは「無料で」一気に導入網を広げる「先行投資型」のビジネス形態を選択した。「スペクティ」は、使ってもらえさえすれば、スクープの情報源として役立つ自信はあった。つまり、使い慣れ、離れられなくなった頃から課金をしようと考えていたのである

もちろん、これは当方のメリットばかりを重視した対応でもない。報道現場には「1日でも早く『スペクティ』を使い始めたい」というニーズが強くあったため、社内の決裁の手続きでもどかしさを感じさせたくない、という意図もあった。この判断が功を奏して全国の報道現場に一気に広がった。

創業からの4年間、開発費がかさむ一方で、顧客開拓は遅々として進まない状況が

続いていた。ベンチャーキャピタルへの出資の申込みは、50社訪問すれば50社から「ノー」をもらうという惨憺たる結果であった。様々なビジネスコンテストにエントリーしては優勝、入賞していたにもかかわらず、「資金を投入して、ビジネスを育てよう」という投資家は、ちっとも現れなかったのである。

そして、友人・知人のエンジェル投資や貯蓄、個人で借りた借金でなんとか食いつないできたが、さすがに資金が底を尽きかけていた。

「来月、資金がなければアウト」というとき、フジテレビが出資者として名乗りを上げてくれたのであった。

会社はおかげで、「なんとかあと1年は生き延びられそう」という状況をつかむことができた。同時に、東京キー局の報道機関であるフジテレビが出資し、事業を応援してくれるという事実は、多くの報道機関から信頼を勝ち取るには十分な存在でもあった。私たちにとって大きな自信となり、「無料でもいいから、とにかく普及させよう。2016年は日本のすべてのテレビ局に営業をして導入を促そう」という方針に勢いを付けることができた。

実際、この1年を通して、北は北海道から南は沖縄まで、私と営業担当者はほとんどすべてのテレビ局を回り、「スペクティ」を売り込んでいった。そして、２０１７年４月からの有料化を年末にいよいよ宣言し、各局との価格交渉に入っていった。

無料で使えていたサービスが有料化される。個人向けサービスではよくある話だが、自分達にとってそれがどれほどのインパクトを持つのかは、正直、未知数だった。当然、「有料なら利用しない」という局も多数現れる展開も想定した。しかし、蓋を開けてみれば、予想に反してその選択をする導入先はごくわずかであった。

海外経験の長いベテランほど「スペクティ」の価値を理解

嬉しかったのは、「スペクティ」について「こういうサービスこそが重要だ」と、声を上げてくれる報道人が現れたことである。特に海外での記者経験が長い人ほど、「スペクティ」の価値をよく理解してくれた。

当時、テレビ朝日のニュースセンター長であった内藤正彦さんは、中東地域やイスラム問題に詳しく、カイロ支局を経てロンドン支局長を務め、２０１６年に帰国した経歴を持つ。彼は、「スペクティ」の存在を知るやいなや「海外ではSNSを取材源にするのは当たり前。『スペクティ』はテレビ朝日系列全体で導入していかなければならない」と訴え、そのための勉強会をテレ朝の系列局全局から担当者を集めて本社で開催してくれた。「このようなツールを使いこなしていかなければ、これからの取材はできない」と熱く語ってくれた。そのおかげで、テレビ朝日系列の全局で導入が叶う運びとなったのである。

同じように日本テレビの越智慎一郎さんは、同局のニューヨーク支局長を務めている方である。彼も全国の系列局を出張して回り、「これからの時代は、こうしたツールを使っていかなければ取材が成り立たない」と訴えてくれた。そのおかげで、日本テレビ系列でも全国的に「スペクティ」を導入してもらうことができた。

世界を舞台に活躍している報道人ほど、「スペクティ」の価値を認めてくれたというのは、私にとって、大きな喜びと自信になった。内藤さんも越智さんも、グローバルな舞台での報道の質というものをとても意識しており、だからこそ『スペクティ』が必要だ」と感じてくれたのである。

フジテレビからの出資に加え、この民放大手2局（2系列）が導入を推進したことで、その後の業界の流れは一気に決まった。数は少なくても大きな顧客の心をつかむ。それによって業界内での注目を一気に集めることに成功したのである。

ＡＩが情報を精査し選り分ける

報道向け「スペクティ」には、もちろん競合も存在していた。

例えば、２０１６年の段階でも一つ、あるＩＴ系の上場企業が似たような機能をうたうアプリケーションをリリースし、報道関係者に売り込んでいた。それはＳＮＳ情報を設定したキーワードで検索し、該当する情報を表示していく、という機能を持っていた。

だが、これはまったく「スペクティ」の相手になるプロダクトではなかった。大手メディア会社がサポートをしており、報道機関に広めようとしていたのだが、「実務には役立たないだろう」ということは、すぐにわかった。というのも、このツールは、ＳＮＳの投稿を「解析」しているわけではなく、単に条件を付けたキーワードにヒットしたＳＮＳ上の情報を収集しているに過ぎなかったからだ。

顧客が知りたいのは「今どこで何が起きているか」であり、その情報の端緒をSNSを使って得ようとしているのである。必要なのは単なるキーワード検索ツールではなく、「いま」を的確に伝える解析サービスである。

「スペクティ」では、ユーザーが火災、事故など必要な情報の属性を設定すれば、そこからAIが判断して、より重要性の高いツイートを優先的に表示させることが可能である。現場の状況を撮影した写真や動画が付いているツイートは上位に表示されるし、場所に関する情報や情景に関する描写がツイートに含まれている場合も、優先的にクローズアップされる。

このとき、自然言語解析や画像解析などをもとに信憑性をチェックし、信頼度の高い情報が出てくるような機能も備えていた。もちろんエリアを絞ってこうした情報を表示させることも可能だ。対象範囲を、例えば「渋谷」「駅」「電車の遅延」と設定しておけば、渋谷エリアで起きている電車の遅延に関する現況やトラブル、さらにその関連情報を絞り込んで表示させることもできる。

これにより、報道スタッフは「スペクティ」の画面に大きく表示される情報だけを追いかけていれば、「今まさに起きた事故・事件」に気づき、取材スタッフを現場に派遣することができるのである。

こういった点において、私たちのプロダクトは他を大きくリードしていた。報道向け「スペクティ」は、顧客が求めるニーズと技術が絶妙にマッチしていた。全国の報道機関へのヒアリング行脚が功を奏した結果だった。

競合を見るな、顧客を見ろ

もしも「ライバルに大手企業がいる」という事実に私たちが怯えていたら、「スペクティ」はここまでの成果を挙げることはできなかっただろう。社内には、競合の動きに敏感な者もいたが、私は会社でいつも「競合を見るな。顧客を見ろ」と繰り返し告げていた。これはアマゾン・ドット・コムの創業者でＣＥＯのジェフ・ベゾスがよく口にしている言葉である。

製品を選ぶのは顧客である。会社にとって重要なのは、顧客が買うか買わないかであって、競合が誰で何をやっているのかは問題ではない。事業の本質は、競合と戦うことにあるのではなく、顧客が必要と思うものを提供し続けることにあるのである。

競合が今何をしているのかをいちいち気にして怯える必要はない。「A社はこんな機能を出した」「B社はデザインを一新した」などと気にしていても仕方がない。自分が向き合っている顧客が何を求めていて、必要であるなら改良すればよいし、そうでないならわざわざ他社のマネなどする必要はない。

私は創業からずっとそのように思っていたし、実際、技術的にも私たちをしのぐ会社は国内には存在しないと確信していたので、ライバルの動向が気になるということは一切なかった。実際のところ、似たようなサービスを提供している会社が何社くらいあるか、それぞれが何をやっているかを、私はよく分かっていない。興味自体もそれほどない。スペクティはこの分野のトップランナーだと自負している。

トップランナーにとって、競合とは常に追いかけてくる者に過ぎない。「何か真似できるものはないか」と競合を見れば、それは後ろを振り向くことになる。やるべきことは、顧客を見ることであり、顧客は何に困っているのかを理解することである。それに対して最適なソリューションを提供できれば、顧客は私たちを選ぶはずなのである。

競合が何を意図してどんな行動を起こそうが、気にすることはない。大事なのは顧客の近くまで行って耳を澄ませ、求めているものをきちんと理解し、それを提供していくことであり、それができれば必ずビジネスは成長する。

結局、この姿勢を貫いたことで、報道分野のSNS情報解析ツールとして「スペクティ」はナンバーワンの地位を獲得したわけである。他社の動向を気にせず、ひたすら顧客のための開発に打ち込んだことが、私たちをトップランナーに導いた。その結果、他社が「スペクティ」を真似てプロダクトを改良するという流れが当たり前となっていったのである。

顧客への価格交渉力を獲得

「顧客を見る」とは、BtoBにおいては、厳密には「顧客は自身のビジネスを進めるにあたり、その分野のプロとして何に困っており、何を求めているのか」を理解するということだ。ここを見誤ると、顧客に選んでもらうために、価格競争に突入せざるを得なくなる。「買ってもらうために安くする」という選択は禁断の果実だ。一度その味を覚えてしまうと、なかなか抜け出せなくなってしまう。

提供するべきは「顧客がビジネス上、困っていること」への解決策である。その方法が優れていれば、顧客はお金を払うのである。

「スペクティ」は、これまでは存在しなかったソリューションであるため、まずは一度試して使ってもらう必要はあった。だから、報道各社向けに２０１６年は無料で導入を促した。利用してもらえれば、その価値は理解してもらえるだろうと思っていた。月々の利用料で稼ぐサブスクリプション型のビジネスでもあるため、一旦導入すれば、解約されない限り売上が積み上がっていく。これはＳａａＳプロダクトの定石である。

２０１７年に有料化したあと、「スペクティ」は一度も使用料を下げたことはない。むしろ毎年少しずつ上げている。全国一斉に報道機関の導入が進みほとんどの報道機関が導入した後でも、報道機関からは毎年10～20％の収益増が実現されている。価格を上げて離脱をする顧客が増えてきたら、そこが潮時だとは思っているが、まだしばらくはこの状況は続くと見ている。

このように価格に関する主導権を握ることができているのは、ひとえに「スペクティ」がプロダクトとして顧客のニーズに応え続けているからである。報道のプロフェッショナルにとって最も質が高く、仕事の中でなくてはならない存在であるからこそ、「スペクティ」を使うしかないのである。

これは「顧客を見る」を徹底することで実現できた「スペクティ」の価値である。

もし仮に、私たちが顧客を見ることを辞め、他社の真似をして「改良・改善しました」と言い始めたら、際立った強みがたちまち消失し、価格競争をせざるを得なくなるだろう。業界動向を研究し、ライバル製品を分析するというのは、一見、正攻法のように思えるが、それは自分で自分の価格交渉力を落とし、自分の首を絞めているのと同じなのである。それだけでなく、顧客の声ではなく、他社を真似してできた機能は、本質的には顧客が欲しいものが何であるかを理解していないで作った「独りよがり」の機能になりがちであり、根本的には顧客の問題解決になっていないのである。

周囲を見回して「誰が何をやっているのか」を気にするのではなく「我々は、どうやって応えるのか」を考え続けるほうが、結局は高みに早くたどり着けるのである。

ヤフーからの出資

さて、会社はこのように大きなチャンスをものにすることに成功していたものの、財務状態としては、まだまだ赤字続きであった。継続的に使用料が入ってくることになったおかげで毎月の赤字額は大幅に小さくなり、心理的にはだいぶ楽になったが、開発費用や営業費用などのコストが収益を上回る状況には変わりなかった。

とはいえ、スタートアップで毎期赤字というのは珍しいことではないし、上場するまで（または上場してからも）ずっと赤字という企業も多々ある。その意味で、赤字先行であること自体はそれほど気にしてはいなかった。ただ、事業が継続できなくなることだけは避けたかった。社員数もまだ多くなく、全国のテレビ局から収益を得る構造を獲得できたことで、なんとか落ち着いて事業を回せる状況となった。これは非常にありがたいことであった。

全国のテレビ局をあらかた押さえ、有料化がスタートしたあとは、新聞社を中心に営業を拡大していった。新聞社の反応ははじめ少々鈍かった印象だが、読売、朝日、毎日、日経、産経各社が導入を決めたことで、地方紙も順に導入を決めていった。

同時に、ベンチャーキャピタルを次々に回り、事業への投資も持ちかけた。

しかし、こちらの手応えは、相変わらず芳しいものではなかった。

そんななか、フジテレビの出資を受けた2年後、ヤフーがスペクティへの出資を決めてくれた。ここが事業にとって大きなターニングポイントとなった。

ヤフーはこちらが打診し、プレゼンテーションをした1カ月後には出資を決断してくれた。担当者から「いくら必要ですか?」と連絡が来たので、それに答えたら、その通りの金額で出資金が決まった。通常、出資する側は出資の条件を細かく精査し、喧喧囂囂（けんけんごうごう）とした交渉が発生するのだが、ヤフーとは、そうしたやり取りを行うことが、ほとんどなかった。当時の「スペクティ」の性能を十分評価してくれたのと、創業の理念に共感してくれた部分が大きかった。

ベンチャーキャピタルに好かれなかったわけ

ＡＩの最先端を駆使した「スペクティ」は、当時でも技術的にも性能的にも高いレベルで独自性を発揮していた。しかし、その割にはベンチャーキャピタルからの受けは、かなり悪かった。

フジテレビからの出資を受ける前は、訪問すれば訪問した数だけ断られるという有様だったが、フジテレビが出資を決めてからも、その流れは変わらなかった。全国のテレビ局で軒並み導入され、新聞社も約7割が活用しているという事実があっても、ベンチャーキャピタルの目線では、スペクティの事業は投資に値しないと見なされていたのである。

ベンチャーキャピタルは慈善事業ではない。彼らは事業を見るとき、理念の崇高さや社会意義などに共感することはあっても、それだけで出資を決めるということは基本的にはない。彼らは常に「この会社に出資をしたら、事業はどの程度成長するだろうか?」を測っている。その可能性が大きければ、多額の出資をするし、その見込みが得られなければ、１円も出さない。

まず、「スペクティ」が報道の世界に普及する前、ローカル情報に関するＳＮＳ投稿をピックアップして表示するという段階では、「このビジネスは誰に刺さるのか?」が、ちっともクリアに見えなかったらしい。もちろん私たちには明確な実感があるので「こういう人たちに受けます」とはっきり答えられるのだが、投資する側からすると、そこに数字で見える根拠がなく、納得できなかったわけだ。

「スペクティ」がスマートフォンのアプリからパソコンで使えるものへと進化し、ターゲットを報道機関（テレビ局と新聞社）に絞ったとしても、この状況はあまり変わらなかった。事業についてのプレゼンテーションをし、プロダクトを見せても「報道の現場でこんなものを使うの?」と当惑した感想がよく聞かれた。そして、この印象は、報道各社が採用し始めても、ほとんど変わらなかった。

現場の感想では、情報の速報性、精度、詳細さなどを考えれば「スペクティ」の価値はわかるはずなのだが、報道のプロではない人たちからすると、満たしているニーズが細かすぎて、有用性の実感を想像できなかったのだ。競うように導入を決めた多くのテレビ局とベンチャーキャピタルとでは、「スペクティ」に対する熱量には大きな差があった。

まもなく報道各社へ全国的に行き渡り、ビジネスとして十分成立し得ることを示したあとでも、それは変わらなかった。ベンチャーキャピタルの担当者は、「つまり、市場がこれ以上広がることはないわけですね。これでは事業に成長の余地がありません」と言い、やはり投資を渋るのだった。

私たちにとって、報道という市場は、成長への足がかりに過ぎず、ゴールではない。創業当初から防災と危機管理にＩＴを駆使する、という思いがあった。

つまり、私たちには「この実績を足がかりに、次の市場を開拓する」という意欲があったのだが、それをいくら説いても、ベンチャーキャピタルには、ほとんど響かなかった。彼らの関心事は要するに、「投資した資金が利益を伴い戻ってくるか」に尽きるからだ。『スペクティ』が防災の分野に進出したとしても、顧客が見えない。市場はどこにあるか？」という疑念が拭えなかったのだろう。

しかし、防災を視野に入れていたからこそ、ヤフーは出資を決めてくれたのだといえる。ヤフーは、社会インフラとして防災情報にも力を入れており、様々な防災関連の情報をヤフーのサービス上で展開している。例えば、３月11日に検索サイトで「３・11」と検索すると一人につき10円寄付をするといったかたちで被災地・被災者の支援も積極的に呼びかけを行ったりもしている。

ヤフーは会社として、防災に寄せる人々の関心を深く理解していたのだろう。「スペクティ」の情報解析技術が防災の世界で活かされること、そこには社会的ニーズが大きいことを理解してくれていたのだ。

結局、当時私たちの事業は、投資会社よりもフジテレビやヤフーといった、活きた情報の質やその分析力にこだわる事業会社のほうから強く可能性を感じてもらえるという特徴があった。情報の質の差がもたらす大きな違いを理解する現場を持った会社でないと、「スペクティ」の価値は、うまく伝わらなかったのである。

あくまで進むべきは防災の道

ただ、だからといって私たちは、「スペクティ」をよりわかりやすい市場に向けて改良していこうとは思わなかった。投資会社から資金を集めるには、彼らにもわかりやすい顧客像を描き出し、そのニーズに向けたプロダクトを提供しているという構図を明確にするべきだったはずだ。

例えば、「スペクティ」は、ユーザーが企業となるＢtoＢビジネスの商品だ。しかも顧客はテレビ局および新聞社と、かなり数が限られている。そこで「より広い市場に向けて事業を展開するために、ＢtoＣに向けた商品開発をしてはどうか」という指摘は、投資会社から繰り返し提案を受けた。ＳＮＳがかなり普及した近年なら、「今どこで、どんな出来事が注目を浴びているのか」が、個人の発信をベースにリアルタイムで見えるツールはかなりの注目を浴び、人気を集めることができたかもしれない。

だが、もしその道に進んでいたら、スペクティのビジネスは、当初想定していたものとはまるで違っていたものになっていただろう。一般ユーザーに向けた仕様改善には日々取り組んでいく必要があり、そちらに開発人材のエネルギーを奪われていたら、それだけで手一杯になってしまっていたに違いない。

国内のテレビ局と新聞社にかなりの割合で広まったことで、確かに報道では市場拡大の余地は少なくなった。さらなる事業拡大を目指すなら、事業を進化させ、新しい顧客を創造していく必要がある。

そこで私たちは、一般ユーザーに向かうのではなく、創業理念である「防災」に進むことを選択したのである。

「スペクティ」の機能は報道の世界で支持を得たが、本来、報道機関のために作ったアプリケーションではない。ＳＮＳの重要情報を解析してピックアップし、ユーザーにわかりやすく表示するという基本的な機能が最初に刺さったのが、たまたま報道の世界であったに過ぎない。振り返れば、それは階段を上がっていくために必要なプロセスだったと分かるが、道はその一つしかなかったわけではない。この道を通ることが最初から必要条件だったわけではない。

そこで、報道への普及を目処に、私は防災に役立つ「スペクティ」の開発に大きく舵を戻すことを決めた。「ニュース情報を一般のＳＮＳユーザーからピックアップする」というアプリケーションとして注目を集めた結果、スペクティという会社は報道機関向けにＳＮＳの情報解析をするところというイメージも根付いたが、それは違う。本来は、防災・危機管理に関するリアルタイム情報を解析・提供する会社だ。このとき情報源として利用するものは、ＳＮＳに限らない。むしろそれはあくまで情報ソースの１つであり、その他の様々な情報源をＡＩを駆使して集め解析し、必要な人に届ける存在となると決心した。

そんな思いでベンチャーキャピタルを回りながらプレゼンテーションをしていった。多くのベンチャーキャピタルは、私たちのビジネスの市場性に疑問を抱いたが、逆に、防災の情報ニーズに感度の高いヤフーには刺さったのである。

ヤフーからの出資を機に、私は社内の意識を「スペクティは防災・危機管理におけるデータ解析の会社である」に統一することを徹底した。当時の会社の収益の柱は報道各社からの利用料であった。だが、これはスペクティという会社にとって真の成功ではない。防災・危機管理のソリューションを開発・提供する会社として唯一無二の地位を獲得することが、スペクティ本来の存在意義なのだ、と。

2015年、「スペクティ」は報道向けに仕様を尖らせ、2016年、報道業界で大きな注目を浴びた。2017年には、その市場をあらかた押さえることに成功した。

そして2018年、私は「防災・危機管理」へと開発の方針を転換した。

まず最初に、防災情報を最も必要とする現場とは、自治体の防災担当部門である。そこは報道と同じく「正確な災害情報をリアルタイムの変化とともに知りたい」というニーズを持っているが、求める情報の質はまるで違う。私たちは、再び全国の自治体をくまなく回り、「どんな情報がリアルタイムで見えると助かるのか」「どんな製品なら使いたいか」をまた一からヒアリングする活動を開始した。

「顧客を見る」は、私たちにとって、重要な成功体験であった。報道の現場でもそうしてきたように、「スペクティ」に興味がある／なしに関わらず、自治体の防災担当者が災害時に欲しいのはどんな情報かという声を、私と営業担当が一つひとつ、集めていったのである。

第3章

小さな成功に惑わされず、起業時の目的に立ち返る
新たなテクノロジーを活用して全国シェア獲得

「脱報道」から「AIで防災」へ

「防災にITで貢献する」は、創業時の思いではあったもの、会社としては新たに取り組む事業分野だった。そのため、改めて顧客となり得る自治体の災害担当者から、一つひとつニーズヒアリングを重ねていく必要があった。

このとき、報道機関では全国的に「スペクティ」が使われているという事実は、大きな追い風となった。2018年以降、会社の合言葉は「脱報道」であったが、逆に報道機関の実務におけるSNS情報収集ツールとしては、デファクト・スタンダードと化していることが、自治体にとっても説得力として非常に大きかったのである。

自治体の防災課に問い合わせて「スペクティです」と言えば、「記事で読みました」「ニュースで見ました」と、すぐに会ってくれる担当者は多かった。最初にテレビ局を回り始めた頃とは違い、始めから信頼を得られていることで、こちらの話を聞き、自分たちの意見を述べる体制ができていたのは、とても大きかった。

ただ、「どんなプロダクトが欲しいと思うか」を聞いてみると、報道の現場と災害の現場では、やはりニーズは大きく異なっていた。

ＳＮＳの一番の特徴は、「情報が速いこと」である。

報道機関は、ＳＮＳが持つその性質自体に大きな価値を見出している。事件や事故の現場に居合わせた人が投稿するリアルタイム情報を追いかければ、警察や消防の情報を待たずともいち早く現場に駆けつけることができる。どこで何を取材すれば貴重な映像が撮れるのかが、即座にわかるのである。

報道現場で働く人々のインセンティブは、スクープをものにすることだ。誰よりも早く、誰も押さえていない、インパクトのある現場の様子を全国に報道することが、記者たちにとって最も価値の高いものとなっているのである。

一方、自治体の防災では、必ずしも情報の速さばかりが求められているわけではない。防災で最も重要なことは、現場の状況に合わせて「対応する」ことである。

自治体の防災対応は危機管理課や防災課といった部門が担当している。部門で対応できる人員は限られており、「地震で□□地区に土砂崩れがあった」「大雨で△△川が氾濫している」といった情報がいち早く送られてきたとしても、瞬時に対応に向かえるわけではないのだ。

防災担当者は、事前に災害対応のために、「何が起きたらどう動くのか」を計画立てて準備をしている。速報は知っていて損はないが、1分速く情報が届いたからといって、その地点に場当たり的に人を向かわせるわけにはいかない。

被害が最も集中しているところはどこなのか。状況から判断して、どのエリアに避難指示を出さなければならないのか。そういった判断を下し、限られたリソースを実際に動かすための災害情報が必要なのである。

デマや憶測は命の危機を招く

自治体にとってたとえ個人発信のＳＮＳからのものであろうとなかろうと、情報の正確さは極めて重要である。報道のための情報ならば、多少間違っていたとしても、報道機関側で事実確認をとり、とにかく現場に駆けつけることが優先される。報道の人と話していると「情報の真偽はこちらが確認するので、少しくらい不正確であっても早く情報をくれ」と言われることが少なくない。

しかし、災害対応では、そうはいかない。自治体の担当者は、対策室で構えながら、次々に入ってくる種々の災害情報を頼りに限られた人的・物的資源の何をどこに送るべきかを判断し、指令を送る役割を持っている。担当者が自分で情報の真偽を確認している余裕はない。

不正確な情報に反応して人員を現場に送ったりしてしまえば、その対応は無意味となり、無駄な人員と時間を浪費し、被害の拡大につながってしまう危険がある。報道機関と比べると「正しさ」に求めるハードルが圧倒的に高いのである。

ＳＮＳで飛び交う情報は、災害のように深刻なときほど、不正確な目撃情報や憶測、デマなどが入り混じり混沌とする。有象無象の情報の中から正しい情報だけを確実に選び取って的確に配信できるような仕組みになっていなければならない。たった１つでも間違いや虚偽の投稿が混じってしまえば、「スペクティ」は〝使えない〟となってしまうのだ。

速報性では強みのあるＳＮＳの最大の弱点は、この「デマや誤りが含まれている」という点だろう。悪意のあるなしに関わらず、ＳＮＳで発信される情報には、必ず虚偽が紛れ込んでいる。だが、防災の世界では、虚偽情報でリソースを動かせば、文字通り

「命取り」になることもある。

その意味で、防災担当者は、1分1秒を争うほどに何でもいいから早く情報が欲しいというわけではないことが分かってきた。むしろ、1分1秒の早さよりも、正しい情報を的確に精査し、そして適切なタイミングで提供して欲しい。災害対応をするために「今どこで何が起きているか」を正確に把握したい。

これが防災における情報ニーズだったのである。

情報は必要なものだけでいい

報道の世界と防災の世界での情報ニーズの違いには、もう一つ顕著なものがある。求める情報の量だ。

報道現場で働く人たちは、事件や災害に際し、「何でもいいから情報をください」というスタンスを持っている。とにかくたくさんの情報に早く触れたいと思っているのだ。

なぜなら、報道の人たちが最も恐れるのは「特オチ」である。同業他社がこぞって取り上げたビッグニュースを報道し損なうことは、最も不名誉なことの一つと考えられているからである。

したがって、情報を取りこぼすよりは、より多くに触れていたいと彼らは考える。いち早く、抜け漏れがない、大量の情報を供給することが、「スペクティ」に求められる能力であった。その中で「これだ」と感じた情報を手がかりにして、現場に走る。

一方、自治体の防災の現場では災害が起きれば様々な情報が警察や消防、その他関係各所から次々に飛び込んでくる。担当者はその情報をもとに何をするかを決める。こういった情報だけでも膨大な量になる。

その上で災害に関するＳＮＳ情報が捌ききれないほど大量に流れ込んでくるようでは、それを防災に役立てることなど不可能である。人の数は限られており、ＳＮＳ情報をずっと見ているわけにはいかないのだ。

自治体の防災担当者にとって、ピックアップされるＳＮＳ情報は「これが重要です」というものだけで十分である。むしろそれ以外の情報が無数に上がってしまうと、対応しきれなくなるばかりか、現場の混乱を起こしてしまう。できるだけノイズとなるような不要な情報を外し、重要性の高い情報のみを確実に提供するか、これができてはじめて災害現場で使えるものとなるのである。

つまり、災害現場では「量よりも質」なのだ。

「どこで」がなければ情報は無意味

場所に関する情報も、防災の担当者にとっては重要である。

しかし、「それがどこで起きているのか」が正確には分からないのも、ＳＮＳ情報の弱点の一つである。報道機関ならば、「〇〇川が決壊している」という写真付き投稿がピックアップされたら、それで十分動くことができる。ヘリコプターを飛ばしてめぼしい辺りを上空から探せば、報道することは可能である。ある程度範囲から絞られていれば十分な場合が多い。

だが、災害対応の現場では、一つの事態のためにそこまで大がかりなことはできない。「ある程度」ではなく、かなりピンポイントな場所の情報が必要となる。

今のＳＮＳは、ツイッターもインスタグラムも、ユーザーがどこで投稿したのかといった位置情報は、デフォルトでは含まれない設定になっている。このため、重要な災害情報であっても、場所を特定することが非常に難しい。

SNSの中にテキスト情報として正確な場所の情報が書かれていればありがたいが、実際はそういう投稿は少なく、また書かれていたとしても、アバウトなものが多く、「うちの近くで」や「○○道を走っていたら」など、大抵の場合、曖昧で範囲の記載のみである。

実際に発生を覚知したとしても、それがどこで起きているのかが分からなければ、災害情報として活用することは難しい。報道機関なら、「そこまで分かれば、あとは自分たちでやります」と動き出せるほどの情報であっても、災害の現場では役に立たないのだ。

つまり、「スペクティ」を防災で使ってもらうには、災害情報を使える状態に料理して提供する必要があった。実際、当時、自治体の担当者に「スペクティ」を紹介すると、「すごくいいサービスだと思うが、防災の現場では活かしきれない」と繰り返し指摘された。防災においては、最も重要な情報を正確に識別し、さらに「ここ」と地点を明示できる必要があったのである。

情報の取捨選択を劇的に変えた「AI」

ツイッターの情報は日本語の投稿だけでも1日に数億件あると言われ、さらにフェイスブックやインスタグラムなどを加えると、その数は膨大だ。その中から、本当に必要なものだけを抜き出し、デマを排除し、場所を特定して提供する。かつその作業をリアルタイムにこなす。これらをすべて人がやっていくのはなかなか困難だ。かといって、一般的なキーワードによる絞り込みだけでは対応できない。この難題を劇的に改善したのが、人工知能（AI）の登場だ。AIは大量の情報を瞬時に解析し、答えを出すのが得意だ。

AIの歴史を少し振り返ってみる。

機械学習をベースとしたAIはかなり以前から存在していた。AIそのものも情報工学やコンピューター技術者の間では何度かブームが訪れては去っていった。2001年にはスティーブン・スピルバーグ監督の『A.I.』という映画が話題となり、この頃から一般の人々にも「AI」という言葉は知られるようになってきた。

私が、ＡＩが本当の意味で人間に近づいてきたと感じ始めたのは、ＩＢＭが開発したチェス専用スーパーコンピューター『ディープ・ブルー（Deep Blue）』がチェスの世界チャンピオンに勝利したというニュースを聞いたときからである。

ディープ・ブルーは、当時チェスの世界チャンピオンだったロシア人のガルリ・カスパロフと二度対戦し、一度目（１９９６年２月）はカスパロフが６戦中３勝１敗２引き分けで勝利、二度目（１９９７年５月）は６戦中２勝１敗３引き分けでディープ・ブルーが勝利したのである。ちなみに、カスパロフは史上最年少の22歳で世界チャンピオンの座を奪取し、その後15年もの間世界チャンピオンのタイトルを保持し続けた当時世界最強のチェス選手であった。

ＡＩの発展はこれ以後急速に進み、２００６年にイギリスのコンピューター科学者ジェフリー・ヒントンらの研究チームが多層ニューラルネットワークの深層化手法（いわゆる「ディープラーニング」）が提唱されると世界中でその研究が加速した。

２０１１年には、ＩＢＭのＡＩ「ワトソン」が米クイズ番組「ジェパディ！」で人間に勝利し、２０１７年には米ディープ・マインド（Deep Mind）社が開発したディープラーニングをベースとした囲碁コンピューター『Alpha Go』が当時世界ランキング

1位の棋士に3連勝を飾った。ＡＩが一気に身近なものとなってきた。

その後、より安価に機械学習などをこなせる半導体のチップセットが開発されたり、クラウドコンピューティングが進むことでより大容量のデータ処理をクラウド上のサーバーでできるようになったりと、資金力の小さいスタートアップでも比較的簡単にＡＩを実装することができる環境が整ってきた。

ＳＮＳの情報処理もＡＩを活用することで、より速くより正確に、適切な情報を抜き出すことができるようになった。膨大な量の情報の海の中から、瞬時に解析し、一つの答えを導き出す。このことにおいてはＡＩは圧倒的に人間より優れているのである。

「人の目」での確認の重要性

ＡＩを活用することで、ＳＮＳから適切に情報を取捨選択することができるようになった。一方で、防災ニーズに対応するためには、それまで提供していた「スペクティ」を根本から見直す必要があった。

もちろん、情報の選別や正確性を担保するための取り組みは、従来の「スペクティ」でも行っていた。報道機関向けにおいても、間違った情報があってもいいという訳ではなく、できる限り正確に情報を提供しなければいけない。

しかし、災害現場で求められる正確性は報道現場のそれとは明らかに違った。一刻を争う危機が迫るなか、絶対に間違いがあってはならないのが防災情報なのである。「この情報が重要です。これを見てください」と、正確さを担保して確実に約束できる情報だけを防災担当者の端末に表示させる仕組みが必要だった。

そこで「スペクティ」サービスで増強したのは、「人の目」であった。

最先端のＡＩを駆使する企業が人に頼るというのは、アナログに聞こえるかもしれない。確かに、人の介入を省略できる工程は、ＡＩを用いて積極的に省略するべきである。

しかし、それを突き詰めていくと、どうしてもＡＩでは解決できない部分も見えてくる。「スペクティ」のサービスの根幹は、情報の正確性である。絶対に間違いのない正確な情報を提供するには、「最後に人が確認する」「正確であると人が担保する」という工程は、どうしても欠かせなかった。むしろ、人員を増やしてでもこの体制を強化する必要があったのである。

　これは一般的なＩＴ企業とは真逆の姿勢であると言えるかもしれない。大量の情報をＡＩで解析し、加工して提供するようなサービスは様々あるが、そうしたサービスを提供する企業は、自動化にこそ重きを置き、それを売りにしていることが多い。

24時間365日、情報を監視・精査するエキスパートたち

「人の手をいかに煩わせないか」こそが技術力であり、サービスの価値であるという考え方は、ある種、ＩＴ企業に宿る固定観念かもしれない。

　もちろんスペクティも、できるだけ自動かつ精度の高いビッグデータ解析を行えるよう、ＡＩの開発を日々行っている。手前味噌ながら、ＡＩの技術力は高く、多数のＡＩ関連の特許を取得している。だが、防災においては提供する情報に一つ間違いがあれば、それで命を落とす人が出る可能性もある。ＡＩでありがちな「間違いを許容しながらユーザーとともに成長していく」といったサービス提供のあり方は許されないのである。

「スペクティ」には、24時間３６５日体制で人の目が入っている。ＡＩがＳＮＳ上に大量に流れる情報から災害に関するものを解析し、例えば「〇〇市で土砂災害が発生した」という投稿がピックアップされたとする。このとき、真偽を確認するために、ＡＩは画像解析や自然言語解析のほか、投稿者の信用度解析なども行う。普段どういったカテゴリの情報を、どのような頻度で発信している人のつぶやきであるのかなどを通して、その投稿者の発信が基本的にどの程度信用に値するかを評価するのである。

ただ、その結果、投稿者の信用度が最高に近いレベルであっても、この人の投稿が今回も正しいとは限らない。そこでＡＩが上げてきた情報を専門のチームが24時間体制でチェックするのである。デマや誤情報の可能性はないか、〇〇市という場所情報は間違いないか、といった内容で最後に必ず人間が情報を確認し、配信の許可を出す。このように、顧客に情報が届く前に、必ず「人の目で確かめる」という工程が加わっているのである。

専門部隊には、高度な分析力と高いＩＴリテラシー、そして誠実な人柄が不可欠だ。情報分析担当は、３カ月という長期にわたる研修を経て、条件をクリアしたあと、初めてその椅子に座ることができる。

24時間体制の情報分析専門チーム

情報分析者は加えて、好奇心旺盛な性格であることも欠かせない。気象、交通などの情報を日々、大量に目にしながら作業する必要があるため、情報感度が高いだけでなく、さまざまな出来事に関心をもって目を向けることを好む人のほうが向いているのである。

情報分析者がＯＫを出し、配信のボタンを押した瞬間、その情報は災害対応の現場の画面にも表示される。配信した情報には何万人もの命がかかる場合もあることを、チームはいつも肝に銘じている。「ＡＩがピックアップしていますので、間違ってたらごめんなさい」では済まされない重みがあるのである。

「スペクティ・クオリティ」

ＡＩが処理したＳＮＳの情報を最後は人間が確認し、そのうえで配信をする。それは私たちが、その情報精度に責任を取る覚悟があることを意味している。

ＳＮＳの無数の人々からの情報であり、もし誤情報を配信してしまったとしても、普通のＩＴ企業なら、「ネットから集めた情報を処理しただけだから、間違っていることもあるよね。それでも精度は高いのだからいいでしょ」と、開き直るところも多いだろう。だが、私たちにとってＡＩは手段に過ぎない。「正確な防災情報を届けること」自体がサービスなのであり、そこに瑕疵があったならば、それはスペクティという会社の責任なのである。

スペクティの社内では「スペクティ・クオリティ」というのを掲げている。この「スペクティ・クオリティ」とは、顧客が求める最高品質のものを常に提供し続けることであり、一切妥協せず、手を抜かず、極限まで突き詰めて究極のものを作ることである。社内では常にそれは「スペクティ・クオリティ」を満たしているかという議論になる。

情報の精度についても同じである。ＡＩだけで「スペクティ・クオリティ」を満たせないなら、人を入れてでもそこに到達しないといけない。それが我々のスペクティの顧客に対する責務だと思っている。

報道向けのサービスを展開する際にも、情報を人が確認するという工程は組み込んでいた。類似の情報解析サービスがあるなかで、「強みをどこに出すか」を考えた時、「ＳＮＳの情報を収集し、選りすぐって配信しています」だけでは、いかにＡＩが優秀でも顧客には伝わりづらかった。他社が「うちは、スペクティよりも安くしますよ」と言われれば、そちらに流れてしまう懸念がつきまとった。

そこで情報配信を行う会社としてほかと決定的に違いが出せる部分はどこかと考えたとき、「正確性ではないか」という答えにはすでにたどり着いていたのである。

防災に特化した情報配信に向かうとき、人間による情報チェック体制は何倍にも強化する必要があった。それはそのまま、人的コストの増加を意味したが、避けては通れない機能増強でもあった。

人が介すると情報の手触りが変わる

こうして２０１８年の後半、私たちは防災の分野でも「スペクティ」の提供を開始した。最初はいくつかの自治体で「お試し」として使ってもらうところからのスタートとなったが、その際、特に評判が良かったのは、やはり「最後に人が確認をしている」という部分であった。担当者に好評なのは、「使いやすい」というインターフェース、「情報が速い」というスピード、災害情報が地図と関連付けてみられるという「見た目のわかりやすさ」のほか、「きちんと人の目で確認された情報が上がっている」という正確性が担保されていることへの「安心感」であった。

実際、ここが他の様々なＳＮＳ情報を集めて分析するツールとは、まったく違う点である。「場所が特定された正確な情報」が、ちゃんと人が見極めて、情報の精度を担保して責任を持って配信される。顧客がもっとも懸念していたＳＮＳ情報に対する「不安」を払拭し、技術だけでは絶対に得られなかった「信頼」を獲得することができたのである。

技術で解決できるのは理想ではあるが、現状のＡＩではそれは難しい。だから人の目を組み込む。最後の部分で人間が一手間かけることで、情報の手触りがまるで変わってくるのだ。

現場だから実感できる価値

「SNSを解析して情報をピックアップするツール」と聞くと、そこから上がってきた情報はどれに対しても、「程度は違えど少しあやしい」という感じ方でとらえる人が多いと思う。私たちがツイッターで知らない人たちのつぶやきを眺める時は、「いい情報でもせいぜい8割程度の確度であり、100%信じて頼りにすることはできない」という感覚のはずだ。

しかし、防災のための「スペクティ」から上がってくる情報は、質がまったく違う。場所が特定され、地図で示され、「ここに向かえばいい」ということが確実に分かるものとなっている。信じてすぐに行動に移してもらって間違いない情報だけが上がってくる仕組みとなっているのである。

開発にあたって積極的に意見を聞かせてもらい、試用もしてくれた自治体には、例えば、兵庫県神戸市がある。神戸市は学生時代に阪神・淡路大震災を私が経験した思い入れがある地域だ。

神戸の人々は、新しいものを積極的に取り入れてみようという意識が高い。市役所や市長も災害対策に先進的な手法を活用していきたいという思いが強く、「スペクティ」には強い関心を示していた。

2018年にヒアリングを重ねたあと、2019年から本格的な使用に踏み切ってくれた。同時に、全国自治体に打診をしていったが、反応がより積極的だったのは広島県や福岡県など西日本のほうが多かった印象である。

東日本では関東エリアの自治体が比較的早くトライアルでの導入を決めてくれた。特に千葉市の動きは早かった。

2019年10月に幕張で開催された「Inter BEE」に「スペクティ」を展示した際、千葉市の防災担当の方が来られ、「興味があるのですが」と営業担当に声をかけてくれた。商談スペースで詳しい話をすると、「関係者を集めるので説明してほしい」と言い、すそのまま幕張から千葉市役所まで向かった。市役所でプレゼンテーションをすると、すぐに試用を開始し、その後、正式導入となった。

千葉市の防災部門は、情報の精度について「場所を特定したい」という思いが特に強く、被害がどこで起きているのかを正確に把握できることを非常に重要視していた。千葉市からもさまざまな意見をもらい、一つずつそれを開発チームで反映していった。このようにヒアリングした結果を詰め込んでいくことで、製品は徐々に成長していったのである。

現在は8割の都道府県の防災部門が「スペクティ」を導入

２０１８年からヒアリングと開発を進めた「スペクティ」は、２０１９年に入って本格化させていった。現在、導入している国や都道府県、市区町村は１００を超える（２０２１年9月現在）。都道府県の防災部門でいうと8割が利用している。

「スペクティ」が順調に自治体に普及していく一方で、報道機関向け「スペクティ」の機能をアレンジしていくだけでは、防災情報に対する多種多様な自治体のニーズに応えることは難しくなっていた。これまでの延長線であれこれ付け足していくだけでは、どうしても自治体の災害担当者に納得してもらえるプロダクトにならなかったのである。

そこで2019年から、私たちは、まったく新しいプロダクトの開発に臨んだ。すでに使用されている「スペクティ」もアップデートをしつつ、並行して防災対応に即した、まったく新しい「スペクティ」の開発にも取り組んだ。そして2020年3月、「スペクティ プロ(Spectee Pro)」をリリースした。

自治体での「スペクティ」の利用シーン

神戸市

大分市

「スペクティ プロ」に込めた矜持

「スペクティ プロ」は、従来の「スペクティ」をバージョンアップしたものではない。

そもそものコンセプトが根本的に異なるプロダクトである。

従来の「スペクティ」は、どちらかといえば速報性に特化していた。ＳＮＳの情報をピックアップしてどんどん配信するという報道機関のニーズに合わせた成長を遂げていたからである。

しかし、地方自治体や民間企業の防災担当者のニーズに合わせて従来の報道機関向けの「スペクティ」をアレンジしていこうとすると、どうしても情報の扱い方がちぐはぐになってしまう。

報道で使う「スペクティ」は、時系列でどんどん新しい情報が流れてくるタイムライン表示が使いやすい。速報重視だから、上に表示されているものを目で追って現場に向かうか／向かわないかを判断することができる。このとき、注目した速報を選択すれば同じ出来事に関するＳＮＳ投稿が合わせて確認できるようになっており、発生した事案を多角的に見ることができるようになっている。

だが、防災で「スペクティ」を使う場合、情報がどんどん流れていってしまうのはむしろ困る。「この地点で、こんな被害が発生している」という情報が地図上で瞬時に分かるようになっているほうが使いやすい。自治体ごとに管理しやすいセグメントに細かく分けて、地図を拡大縮小できるようになっていれば、より効率的に対応策を検討できる。災害の被害は多様だから、それに合わせて情報の表示／非表示を切り替えられる仕組みも必要だ。例えば、台風の時、河川の氾濫や決壊に注目して被害状況を確かめたり、倒木の情報だけをピックアップして確認したり、知りたい被害情報をチェックボックスでオンにすれば、選択した被害情報が地図上に表示される、そういった細かな情報の分類や表示が必要である。

報道では、ここまで細かな情報分類のニーズはない。彼らは情報を点または線で見て、その中から「これだ」と思えるものを見つけることができれば十分である。

一方、防災の現場では、情報の面的な捉え方がより必要だ。しかも見たい情報をできるだけ条件を付けて選べ、エリアを分解して確認できる必要もある。

ここまで災害情報を扱うプロの要望に応える情報解析サービスは、国内には存在していなかった。現場の実務に大いに役立つ自信があるからこその「プロ」の命名である。

「スペクティ プロ」をリリースしたあと、自治体からの注目度はさらに高まった。２０２０年にその存在を知り、使用したあと２０２１年４月から正式導入を決めた自治体が相次いだ。従来版を使っていた自治体には、すべて「スペクティ プロ」への乗り

「スペクティ プロ」の概要

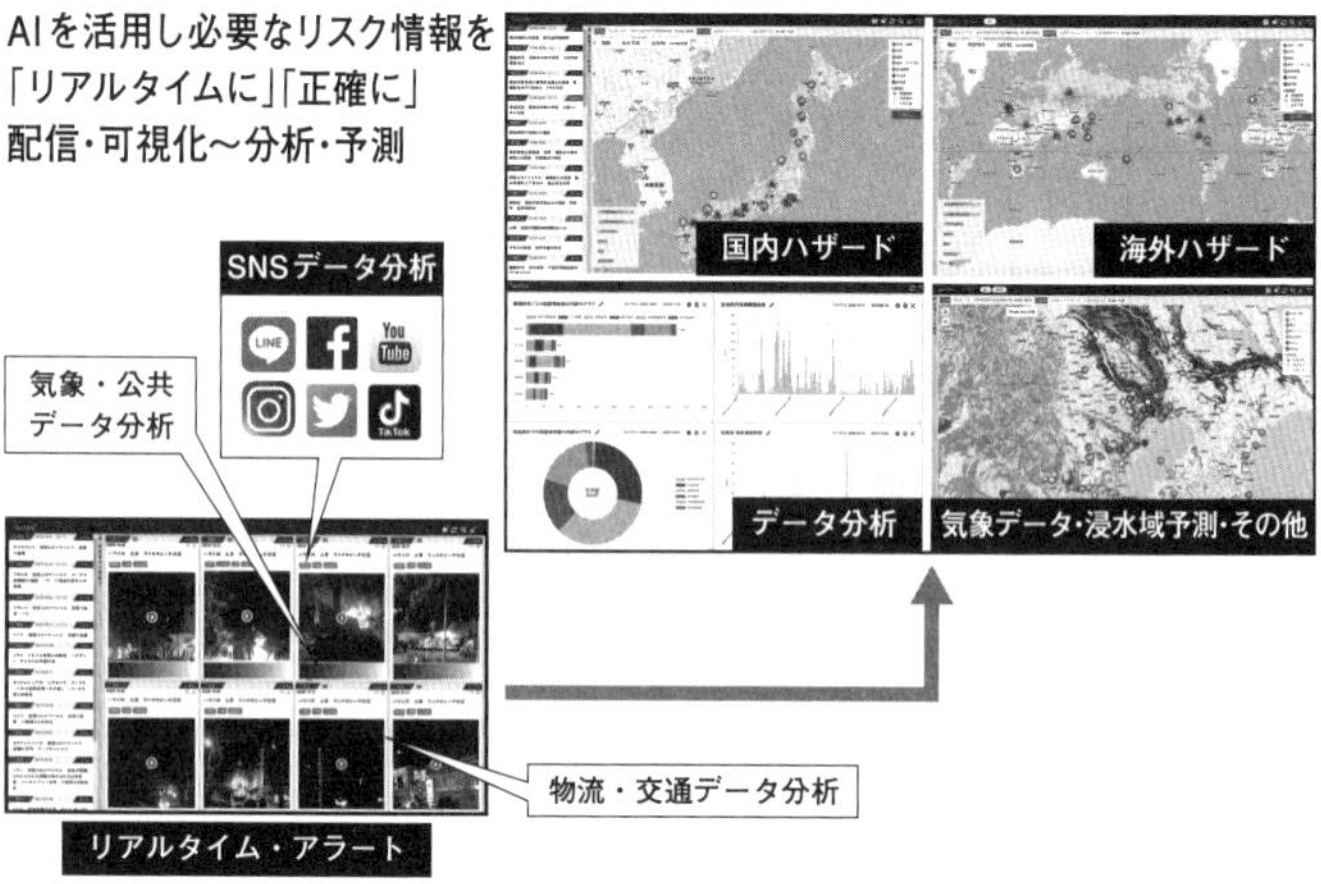

発生から1分で発生場所と被害状況がわかる

SNSに投稿された災害情報・
事故情報等をAIでリアルタイムに可視化

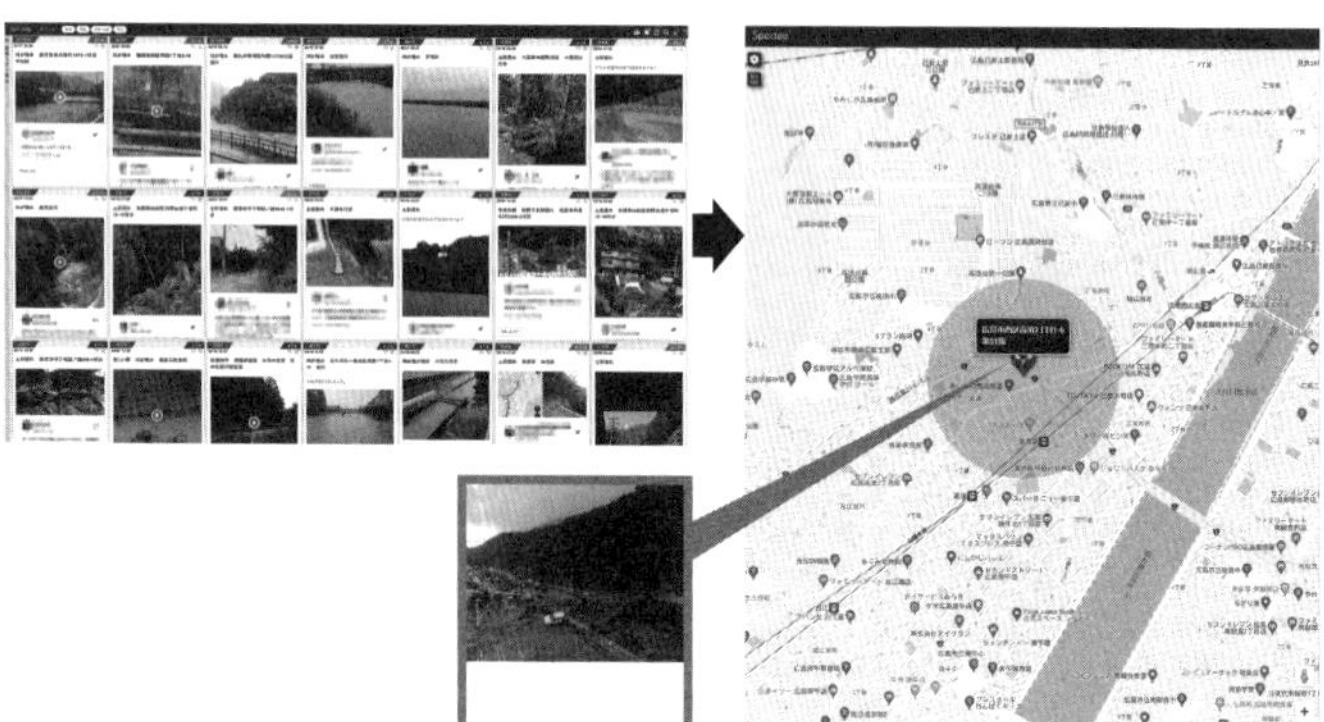

換えをお願いした。「スペクティ プロ」を見せに行くと、従来版に慣れていた自治体の担当者も「これはすごい」と喜んでくれた。

こうして、「スペクティ プロ」の登場により、スペクティの防災分野への進出は明確になった。

「脱SNS」から「危機の可視化」へ

「スペクティ プロ」を開発するなかで思い浮かんでいたキーワードに「危機の可視化」があった。様々なデータを解析することで、世の中にある「危機」を可視化していくこと。これがスペクティの真髄であると考えるようになっていた。

また、「可視化」には単に「いま」を可視化するだけではなく、過去の可視化、そして未来の可視化も含まれていると考えている。

過去の危機は、蓄積されたデータベースをもとに情報を解析し、可視化することができる。

現在の危機は、まさにスペクティが取り組んでいるところで、SNSの情報などをキャッチして、解析して、「いま、どこで何が起きているか」を可視化できる。

では、未来の危機は、どのように可視化すればよいのだろう。防災を目的とするなら、この観点は避けては通れない。例えば、台風が街を襲っているときに「1時間後には河川が氾濫して、このエリアに浸水が広がる危険がある」というのが分かれば、より多くの危険を回避でき、命を救うことが可能となる。

そのためには、SNS情報の解析だけでは足りなかった、気象データ、交通データなど、各地のさまざまな情報ソースをリアルタイムに収集し、総合的に解析して予測結果を表示できる必要があった。「スペクティ プロ」は、そういった過去・現在・未来をいかに解析し、可視化するかを実現するために開発したプロダクトなのである。

これが意味するものは、スペクティの「脱SNS」だ。市場として「脱報道」から防災の世界に入ったスペクティは、自治体への広がりと「スペクティ プロ」の開発を通し、今度は情報ソースとして「脱SNS」を果たすことを目指したのである。

実際、「スペクティ プロ」では、SNSはあくまで一つのソースでしかない。街に多数存在するカメラやセンサーなどさまざまな情報源をリアルタイムに収集することで、現在だけではなく、未来の危機までも可視化することができるようにしたのである。

かくしてスペクティは、いまや防災に関する最新情報を可視化するＩＴ企業としても確固たる地位を獲得することに成功した。２０１１年、たった一人から始まったスタートアップは「防災×ＡＩ」という市場で全国的に顧客網を広げ、ほかに並ぶもののないポジションを獲得することができたのである。

第4章

「市場のサイズ」「起業の常識」より大事なもの「わが道」を選び続けることが事業成長につながる

ここまで、私の起業からスペクティの成長について振り返ってきた。地域のＳＮＳ情報を解析するアプリ開発から始まった事業は、報道機関向け「スペクティ」が全国のテレビ局・新聞社で導入されるようになり、その後、２０２０年の段階で、自治体向けの災害情報ニーズに応えた「スペクティ プロ」が８割の都道府県で稼働するほか、インフラ・物流・建設・不動産など防災情報が重要な企業５００社以上に導入されるまでとなった。

スペクティはまだ成長途中であり、成し遂げるべきことの１％も実現できていない。だから事業の成功を語るのはまだ早いが、起業から10年が経ったこともあり、これまでの歩みの過程で私なりに気づいたスタートアップの成長要因を整理していきたい。

市場規模を気にしない

起業しようとするとき、人は必ずといってよいほど「市場規模が大きなところを狙ったほうがいい」という。市場規模が大きければ、たくさん顧客がいるため、売上げも上げやすい、という考え方である。

事業計画を練る際も、大きな市場に参入することを前提として、「この市場の何％のシェアを獲得する」といった目標を立て、売上げの規模などを考えたりする。既存の企業が新規事業を立ち上げる際でも、「市場規模が大きいビジネスを狙え」は、ほとんど常識のように考えられている。

投資家と話をしていても「スタートアップは大きな市場を狙え」を、呪文のように繰り返す人は多い。しかし、これがそもそもの誤解なのである。

確かに、大きな市場でシェアを広げることができれば、巨大な収益を獲得することができる。しかし、そういう市場は競争が激しい。たくさんの企業が鎬を削り、手を替え品を替えシェア拡大を競っている。リソースの少ないスタートアップは、果たしてそこで戦っていけるのだろうか。商機があると見るや、今まで静観していた大手がいち早く参入してくるかもしれない。そこで小さな若い企業が果たして太刀打ちできるのか。ライバルとの競争にエネルギーが奪われる機会が増えるため、むしろ成功にはつながりにくくなるのではないかと思う。

市場のサイズよりも「意味のある商品を出せるか」

私がターゲットにした市場は防災の分野である。全体の市場としてはそれほど大きくないし、特に最初に足がかりとして作ったプロダクトは顧客をテレビ局や新聞社といった報道機関に設定しており、販売先の数はかなり限られる。ある程度の導入が進めば、そこからは顧客数は止まってしまうことが明らかな市場である。テレビ・新聞というメディア産業自体、これからもどんどん大きくなる市場ではない。むしろ衰退している産業である。

だが、その事実をもって即「だから、この市場には参入するべきではない」と考える必要はない。市場が小さくても成功している企業は複数存在する。

例えば、タクシー市場を見てみると、先進国では90年代をピークに縮小が続いており、市場として衰退している産業分野であった。だが、そんな分野に参入して世界展開に成功したのがアメリカのサンフランシスコに本社を持つウーバー・テクノロジーズだ。

ウーバー・テクノロジーズは２００９年、スマートフォンを用いた配車サービスからスタートし、一気に利用者を広げた。さらに車の運転手を請負業者にしたライド・シェアというアイデアにより、創業以来、世界約70か国へとサービスを展開した。その後、フード・デリバリー、宅配便、貨物輸送などへとサービスをさらに広げている。

創業から十数年でここまでサービスを普及させたのだから、スタートアップとしては文句なく大成功したといえるが、創業当初は100社以上のベンチャーキャピタルから出資を断られたという。理由は「タクシー市場は衰退しているから」である。

ここに最初期に投資したのが、世界的なベンチャー・キャピタリストとして有名な投資家のビル・ガーリーだ。先の理由から「タクシー業界にスタートアップが出てきても、絶対に成功しない」と言われていたが、彼はインタビューで、「多くの投資家はマーケットサイズにこだわり過ぎている」と指摘している。

参入する市場の規模は日本でも重視され、投資家は二言目には「TAMはどのくらい?」という。TAMは、Total Addressable Marketのことで、獲得し得る市場の最大サイズのこと。つまりは、その産業の市場規模のことだ。

ビル・ガーリーは、「当時、どんな指標をもとに計算してもタクシーの市場規模はネガティブだった」といい、しかし「TAMの分析を重視しすぎるあまり、そのアイデアの本質を見失っている投資家は多い」と語っている。

市場規模が大きいからといってそのシェアをたくさん獲得できる保証はない。大勢が狙っているので、すぐにレッド・オーシャンになることは目に見えている。

重要なのは、目指しているマーケットの大小よりも、そこにいる顧客に意味のあるプロダクトを出せるかどうかだ。市場のニーズと製品が解決するものをよく見ないで規模の大きい・小さいばかりを議論するのはナンセンスである。

成長市場をねらう必要はない

市場規模と合わせて投資家が気にするのが、市場の成長性だ。スタートアップが参入しようとしている市場が成長している市場なのか、衰退している市場なのか。前者ならば事業が成功する確率も高いので「投資の価値あり」、後者ならば逆に「投資の価値は低い」という考え方である。

だが、ビジネスの成功には、市場の成長性も気にしなくて構わない。

衰退市場でも世界的に成功したスタートアップは存在する。アマゾンは、その格好の例だ。

出版市場は長年縮小が続いており、書店数も減少の一途を続けているのは、多くの人が知るところだ。そんな「本がますます売れなくなっている」という状況のなか、１９９４年、アマゾンを立ち上げたジェフ・ベゾスは自宅ガレージでオンライン書店を開始した。彼のビジネスのアイデアの核は、書店のオンライン化である。

ウーバー・テクノロジーズと同じで、市場規模は決して巨大ではなかったし、紙の本自体が売れなくなっていることから、「アマゾンが大きく成長することはないだろう」というのが、多くの投資家たちの見立てであった。

だが、誰もが知るとおり、アマゾンは世界的に大成功を収めている。いまやアマゾンこそが書店を減らしているといわれているくらいだ。

アマゾンは、創業から10年近く、まったく利益は出ていなかったという。薄利多売の仲介利益のみで稼ぐビジネスモデルであったため、開店当初から資金不足に陥り、常に自転車操業だった。

だが、その苦境を乗り越えたアマゾンは食品、日用品なども手がけるようになり、いまや私たちにとって欠かせない生活インフラの一つともいえる存在となった。アマゾンが成功したのは、市場が成長している／いないに関わらず、顧客が困っていることを解決したからだ。そこには顧客のニーズとしっかり向き合う姿があるだけにすぎない。

成熟市場・停滞市場は、実はねらい目

投資会社や著名なベンチャー投資家は、多くのスタートアップを見てきており、その成功も失敗も見てきている。だからこそ、その経験から「スタートアップはこうあるべき」という話をよくしがちであるが、それはあくまでもその人の経験からの持論にすぎない。特にスタートアップが目指そうとしている世界はこれまでになかったものだったりするから、過去の成功や失敗の例が必ずしも「いま」または「未来」に当てはまるとは限らない。結局、成功しているスタートアップ経営者は、そのような「べき論」の通りには動いていないのである。

市場の規模や成長性よりも重要なのは、その市場で確かに求められる商品やサービス

を提供できるか。顧客を満足させることができるかに尽きる。

その点からいうと、成熟市場や停滞市場は、実は起業するにはねらい目の舞台である。どちらの市場も、ビジネスを拡大する余地がないから参入するべきではないとよくいわれるが、それは誤解である。

成熟している市場とはすなわち、すでにマーケットは存在している＝需要はあることが証明されている市場ということだ。そこが停滞（あるいは衰退）しているということは、テクノロジーによる変革の余地があるということでもある。

古くから需要はあるのに、供給方法がまずいせいで消費が落ちていたり、顧客が離れたりしているだけかもしれない。つまり、既存のビジネスモデルでは回らなくなっているから停滞しているのに過ぎないのだ。何らかの方法によって、その需要を振り向かせることができれば、ビジネスとして成功の可能性は十分ある。

逆に「成長市場のほうがチャンスがある」と考える人は多いが、これは危険だ。例えば、代表的な成長産業にはＡＩの分野があるが、そこには数多く企業が参入し、開発競争を繰り広げている。そのなかでスタートアップ企業が頭角を現すには、並外れた才覚と努力が必要とされる。

加えて、成長市場というのは、ビジネスモデルや成功パターンがまだ確立していないことが多い。つまり、前例の問題点を変革するというやり方で新規性を打ち出すことが難しい市場でもある。比較や変革の対象となるスタンダードがないから、さまざまな方面に試行錯誤を重ねなければならず、資源の集中も難しいのだ。

この点、ある程度成熟している市場なら、需要側も供給側も「この業界は、こんなもの」と思っている部分がある。そこをテクノロジーで変革することができれば、既存の需要を一気に手に入れることも不可能ではないのである。

こうした古い市場には、新規プレーヤーがあまり入って来ないというのもスタートアップには有利だ。常識にとらわれて「成熟市場・停滞（衰退）市場にはチャンスがない」と思っている人たちが多いので、同じような新規参入の競争相手が現れにくい。

スペクティという会社も、そんな立ち位置からの起業である。防災はある程度、古い市場だし、顧客も保守的な人が多い。市場としては硬直していて、伸びしろがない。しかし、だからこそほかには誰も入って来ない市場であり、私はそこでトップになることを考えた。テクノロジーで変革を起こす余地が十分に存在していたからである。

成熟市場・停滞市場にも難しい面がある

もちろん、成熟市場や停滞（衰退）市場は参入さえすれば、すぐに成功できるというものではない。こうした市場にもそれなりの難しさはある。

まず、古い市場なので、保守的な考えをする人が多く、顧客も供給側も変化を極端に嫌うという傾向が強い場合が多い。そして、そこには既得権が絡んでいるケースも少なくない。明らかに自社製品のほうが優れているのに、導入が決まらない。その理由が「今までのやり方で問題なかったから」「ずっと同じ取引先にお願いしているから」「あの会社との取引を減らすと、いろいろと面倒だから」といった合理的でない判断に基づいていることは、決して珍しいことではない。

また、制度がすでにできあがっているせいで、産業構造が硬直化している場合もある。そういう市場では、取引の流れがすでに決まっており、新しい方法を持ち込みにくい。そして、その市場を押さえているのは、既存の大手プレーヤーであったりするのである。書籍の市場で言えば取次制度はまさにその典型的な例である。

このように、成長市場や停滞（衰退）市場には、保守的で硬直的で、大手の既存プレーヤーが築き上げた構造を壊さなければならないというハードルもある。だが、それでもスタートアップが新しい流れを起こすチャンスは少なくないと思う。

起業をしたり新規事業の立ち上げを考えている人は「とにかく大きな市場を」「成長市場を」と考えがちだが、ここは常識を捨てたほうがいい。すでにできあがっている市場でかつ、伸びていない市場は、実はねらい目であると考えるべきだ。

市場を選ぶ判断は「やりたいか」と「壊せるか」

起業をする際に「どの市場で行くのか」を考える軸は、結局のところ、私は2つしかないと思っている。それは

・その市場でやりたいか？
・その市場を壊せるか？

である。

まず、スタートアップには勢いが必要であり、それを支えるのは創業者の情熱だ。「このプロダクトは儲かるだろうか?」と、始めから損得勘定が先に立つようでは、待ち受ける数々の困難を乗り越えることはできない。自慢のアイデアやプロダクトをボロボロに貶されることもあるだろうし、資金調達を無下に断られて落ち込むこともある。人が離れていったり、裏切られたりといった人間関係で辛い思いをすることがあるかもしれない。既存の競合からは、さまざまな妨害を受ける可能性も高い。それでも自分を支えてくれるもの、「前に進もう」と思わせてくれるものは「やりたい」という気持ちしかない。

次に、既存の市場に対して何か破壊的なものを出せるかどうか。その市場が当たり前のように繰り返しているビジネスモデルを破壊し、よりよい状態へと導ける何かが必要だ。「それ」は仕組みでも、商品でもサービスでも何でも構わない。「それ」の登場によって、全員が当たり前と思っていたやり方が一気に古く非効率的なものに感じられるような、破壊的な何かである。

例えば、かつてタクシーは電話で呼んだり、駅で待ったり、通りに出て空車を探して呼び止めるのが当たり前だった。それがウーバー・テクノロジーズの登場で、スマートフォンを使って都合の良い場所で待ち合わせて利用するものとなった。一度利用した人は、その便利さから離れられなくなる。今までのやり方が、いかに不便であったか気づかされるからだ。

このように業界の誰もが疑問にすら思わなかった部分をぶっ壊す武器がスタートアップの参入には不可欠である。

逆にいえば、この2つさえあれば、スタートアップは飛び込む先がどんな市場だろうと、たぶん成功すると思う。

スタートアップはニッチ市場が有利

それでも市場の規模や成長性を気にする人は、もしかしたら、そういう市場を大きなブルーオーシャンであるかのように感じているのかもしれない。だが、世の中に大きなブルーオーシャンなど、そもそも存在しない。

最初の一歩はどこにすべきか？

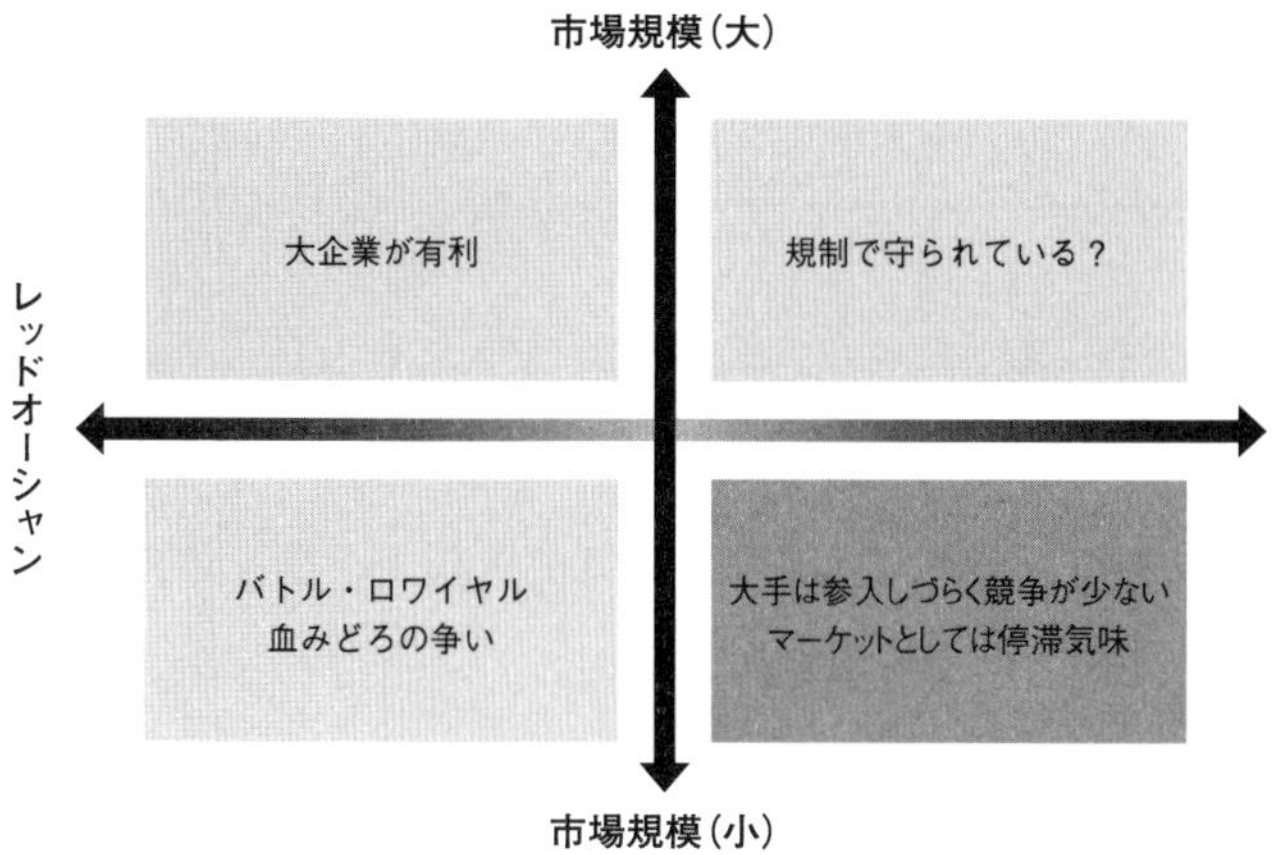

市場規模を縦軸に、競争の激しさを横軸にして考えてみよう。すると、市場の性質は、①市場規模が大きなブルーオーシャン、②市場の規模が大きなレッドオーシャン、③市場規模が小さなレッドオーシャン、④市場規模が小さなブルーオーシャンの４つとなる。

順に考えてみる。

そもそも①市場規模が大きなブルーオーシャンは、存在するだろうか。誰も手を付けていないが、大きな需要が存在する領域など、あればたちまち大勢が殺到するだろう。つまり、手つかずのブルーオーシャンが自分に見つかるのを待ってくれていることなど、まずあり得ない。大きなブルーオーシャンなど現実的には存在しない。もしもあるとしたら、強い規制で守られているため、新規参入が事実上できないような市場に限られるだろう。例えば携帯電話市場だ。携帯電話のキャリア事業は総務省からの免許制となっており、周波数の割り当てにも限りがあり、決まっている。携帯キャリアの市場は非常に大きな市場ではあるが、他の企業が参入したくても事実上不可能である。ある意味、巨大なブルーオーシャンではあるが、この市場にいるのはＮＴＴドコモ、ＫＤＤＩ、ソフトバンク、楽天の４社だけである。

次に②の市場規模が大きなレッドオーシャンだが、ここはつまり市場のサイズは大きいが、ニーズはほとんどすべて押さえられてしまっている状態だ。このような市場は大手企業が牛耳っている場合が多い。大手企業は資本力があり、薄利多売で市場を広く押さえることが可能だ。スタートアップが新しいプロダクトを持ち込んだとしても、そこに顧客メリットがあり、自社の地位が脅かされるとみるや、たちまち模倣して潰しにかかる。結局のところ、体力勝負で負けてしまう可能性も高いので、スタートアップが第一歩として参入するには厳しい市場だといえるだろう。

③の市場規模が小さなレッドオーシャンとは、要するに、小さな池で魚たちが苛烈な

生存競争をしているような世界だ。バトル・ロワイヤルのような状態になりがちで、価格競争、サービス競争にもなりやすい。アイデアや新規性よりもコネクションや価格で顧客を奪い合う戦場にもなりやすく、積極的に選択するべき市場とはいえない。

最後に、④市場規模が小さなブルーオーシャンである。小さなブルーオーシャンとは、すなわちニッチ市場である。誰もここに手を付けていないのは、市場規模が小さいからである。

小さな市場はいかに手つかずでも、大手は参入しづらい。仮に市場をすべて押さえたとしても、投資に見合う収益が得られないという判断になりがちだからである。大企業にとってはうま味を感じづらいため、放置が最善の選択ということになる。

大手の参入リスクのないこうした市場こそ、スタートアップが飛び込むべき市場だ。そこにいる顧客としっかり向き合い、徹底的にその市場、その業界に特化した機能のプロダクトで顧客の問題解決を助けるようにすると、その市場では確実にトップの地位に立つことが可能となる。スペクティはまず報道業界を席巻したが、このときプロダクトとしての「スペクティ」は、報道機関にしか使えないサービスだった。だが、それで問題ないと私は考えていた。

事業を「この業界のこの課題だけはクリアできる」という方向に徹底的に絞り込み、機能を特化したことで「報道の世界でナンバーワン」の地位を獲得することができた。この成果が、自治体などを顧客とする本来の防災に役立つサービスの提供へと事業を展開するのに、大きな足がかりとなったのである。

このように「ニッチ市場に徹底的に特化し、そこでトップを目指すのがよい」という話をすると、投資家の中には「市場のスケールが……」と渋い顔をする人もいるだろう。それは、彼らの多くは投資によるリターンに関心があるからだ。

一方、起業家はとにかく商品やサービスを使ってもらわなければ始まらない。大きな市場に行きたいのなら、小さな市場で勝ってから次の市場へと進化していけばいい。スタート時点では、徹底的に絞り込んだ分野で成功することを追求するほうが得策だと思う。

「儲かるか」よりも「顧客の課題は解決したか」を見る

市場のサイズや成長性が気になってしまうのは、事業をやりたいという気持ちよりも、儲けることのほうが気になってしまうからかもしれない。少しでも早く資金面で安心したいという気持ちは分かるが、「儲かるものを作ろう」と考えるのは、かえって失敗のリスクを高めてしまうように思う。

「儲けたい」と思って動くと、商品やサービスが最終的には総花的となり「これは誰のための商品・サービスなの?」というものが生まれやすくなる。その結果、「自分のかゆいところに手が届いた」という顧客がまったく現れない展開にもなりかねない。

スタートアップはそれよりも、絞り込んだ市場に存在する顧客の課題を解決することに注力して商品やサービスを提供することを考えたほうがいい。顧客が困っていることに対してソリューションを提供する活動に会社のすべてのリソースを集中するのだ。リソースの少ないスタートアップがいろいろなことに手を出せば、すべてが中途半端になる。「これだけは負けない」というものをまずは持つこと、それが次の展開の手がかりになる。

「そんな一本足で大企業が参入してきたらどうする。多角化はリスク回避のために重要だ」という話をする人もなかにはいるが、そういう人の話は聞き流しておけばいいだろう。そもそも小さく絞り込んだ市場なのである。いくらスタートアップが頭角を現していても、大企業がすぐに参入してくることはない。

スタートアップの最大の武器は「機動力」

「大企業は技術力があるから、市場に目を付けられたら負ける」と考える人もいるかもしれないが、それは誤解である。技術力そのものは、大企業もスタートアップも実はそう変わらない。逆に大企業は社内技術を新規事業に転用して商品やサービスを生み出そうとすると、組織が大きいせいで社内コストが高くつく。それは価格に反映せざるを得ないため、どうしても顧客の負担になりやすい。

一方、スタートアップは数名~十数名で動いている組織なので、社内で技術を共有したり応用したりする連携作業にかかるコストは格段に安い。プロダクトの技術力はさして違わずとも、大企業よりもはるかに低価格で提供できるのである。

さらに、顧客の要望に応えるフットワークの軽さも、スタートアップのほうがはるかに上だ。顧客が商品やサービスを利用してみて「ここはこうしてほしい」「こういう機能が欲しい」と要望したとき、スタートアップなら、「1週間で直して持ってきます」という対応も不可能ではない。これが大企業だと、商品を改良するための社内承認をとり、仕様書を書いて、稟議を通して……と社内プロセスが多いせいで、開発に取りかかるまでに3、4カ月、声を反映したバージョンを届けるまでに1年かかるということも珍しくない。

大企業とスタートアップでは、顧客の要望に応えるスピードが格段に違うのである。万一、大企業が参入してきても、顧客の課題を解決することに注力し、機動力を活かし続ければ、意外と恐れるに足りない。

もちろん、ブランド力は大企業のほうが上だし、コネクションも大企業のほうがたくさん持っているため、顧客の経営幹部や意思決定者を強引に動かして導入するといった「政治力」は高い。

一方で、法律がまだ整備されていないグレーゾーンには、スタートアップの方が足を踏み入れやすい。直ちに違法とはならないが、まだ曖昧な領域のビジネスというものが世の中には存在する。大企業はいかにそこがブルーオーシャンでも、後に法が整備されて結局違法となることや、レピュテーションやブランドが傷つくリスクを考えるため、

大企業 vs スタートアップ

大企業		スタートアップ
多い	リソース （ヒト・モノ・カネ）	少ない
利用するコストが高い 改善スピードが遅い	技術	利用するコトスは低い 改善スピードが速い
低い	機動力	高い
高い	ブランド力	低い
高い	政治力	低い
入れない	グレーゾーン	入れる

やすやすと足を踏み入れることはしない。しかし、スタートアップなら、この領域にリスクをとって入ることができる。動きが速い分、足を抜くのも簡単だから、「ダメなら引き返せばいい」という判断ができるからである。ブランドなどないに等しいのだから、傷つくことを恐れる必要もない。こうした側面もスタートアップ特有の小回りが利くところだ。

まとめると、リソースを分散せず、徹底的に集中して、機動力を活かす。これを意識して戦えば、大企業にはできないことを通して顧客の心をつかんでいくことは十分に可能なはずだ。

「ランチェスター戦略」を意識せよ

ここまで述べたようなスタートアップの戦い方は「ランチェスター戦略」が説くやり方に通じている。ランチェスター戦略とは、19世紀のイギリスの航空工学者フレデリック・ランチェスターが、第一次世界大戦の記録に基づいて兵力・火力と損害量の関係から導き出した「ランチェスターの法則」をビジネスに応用したものだ。ランチェスターの法則によれば、兵力で劣る軍隊は接近戦（白兵戦）で、兵力で勝る軍隊は銃器を使った集団戦で戦うほうが有利となる。

兵力で劣るスタートアップは、ランチェスター戦略で行くべきであり、次のような戦い方ならば、弱者が強者に勝つことも可能である。

①局地戦……ニッチ市場で、顧客の範囲を限定する。「ここだけ」の市場に絞り込んで戦う。あまり広いところで戦うと、リソース合戦となり、大きいほうが勝つ。

②接近戦……飛び道具を使うよりは、顧客の近くで戦う。幅広い顧客を一網打尽にできる

商品やサービスを開発して、広く一度に販売しようとするのは大企業に有利なやり方だ。スタートアップは、目の前の顧客一人ひとりと向き合い、各個撃破していくようにする。

③一騎討ち……競合とは一対一の戦いをする。スタートアップは資本力が小さいので、一対十の戦いで勝利することはできない。一度に複数の市場に目配せをしながら戦う形に陥らないようにする。

④一点集中……投下する資源は一点に集中する。自身の強みを伸ばすこと、顧客ニーズに応えること、相手の弱点の部分をこちらが強化して差別化を図ることなどさまざまな方針はあり得るが、とにかく一つのことに集中して取り組む。

⑤陽動作戦（ゲリラ戦）……機動力を活かして意表を突き、相手ができない手を打つ。大企業にはできない小回りのよさを活かし、顧客のニーズにこまめに応えたり、グレーゾーンでのビジネス拡大などをねらう。そのうちの成功事例が評判になれば、他社から一目置かれるチャンスとなる。

こんなふうにしてニッチ市場で戦っていれば、規模の大きな既存のプレーヤーとも十分戦えるのである。

スペクティ対上場企業

ＳＮＳ解析ツールとしての「スペクティ」を広めていくにあたり、ある上場企業が競合として現れたことはあった。そのときの戦いは、まさにランチェスター戦略の構図となった。

まずは市場を報道機関に絞り（局地戦）、とにかく足繁く顧客の元に足を運び、ヒアリング活動も積極的に行った（接近戦）。そのうえで、浮かび上がってきた顧客のニーズに応える活動だけに集中的に資源を投下した（一点集中）。

結果として、こちら側は会社が一丸となって一つの活動に邁進することとなる（一騎討ち）。競合となった大企業は戦う市場をたくさん持っているため、この限られた市場に向けて会社全体で戦うことはなく、一騎討ちの体制はとれない。せいぜい出てくるのは一部門の一チームである。

すると、顧客目線で見れば、サービスの質は大企業にも負けるものではなくなっていく。向こうは担当者数名でやっている状態であり、顧客の前に立つのは営業担当だ。技

Spectee 導入期の戦略

局地戦
市場と顧客を限定

接近戦
顧客ヒアリングを徹底

集中
市場や機能を絞り
全リソースをそこに投下

一騎討ち
数名の担当者(大企業)
vs
会社全体(スタートアップ)

術的な要望があれば、いちいち「持ち帰ってお返事します」となるため、何をするにも時間がかかる。対するこちらは、顧客ヒアリングと同時に開発も行われているため、要望があれば、「この部分は来週には改善版をお持ちします」といった具合に即座に応じることができた。

結局、顧客にとって使っていて便利なのは「スペクティ」なのであった。素早く問題を解決してくれるからだ。こうして私たちは大企業に負けることなく、報道業界の市場を一気に押さえることに成功したのである。

ニッチ市場のトップになると次に進める

　このようにニッチな市場のニーズでトップになる戦略（ニッチトップ戦略）に成功すると、やがてその成功要因を活かして、隣接するほかの分野に波及していくことができる。一つのニッチ市場でトップになると、その市場で大きな信用を得ることができる。そして、そこで培った信用と技術を用いて新しい市場に乗り込むことが可能となる。すると、その先では新しい需要創造が起こり、事業は全体として広がっていくのである。

　このような戦略を繰り返して東証一部上場、日経２２５銘柄の地位にまで昇ったのが日東電工だ。日東電工は、１９５０年代に電気絶縁体市場というごく小さなマーケットで電気絶縁用ビニールテープを売り出して市場のトップとなった。その後、素材市場で自動車部品に用いる表面保護フィルム→住建材市場でステンレス表面保護フィルム→自動車市場で自動車用塗装保護フィルム→電子・光学市場で光学部材表面保護フィルムと生み出していき、その都度、その商品市場でのトップを獲得しながら企業を成長させてきたのである。

スペクティの歩みもこれに近い。2017年に主要報道機関向けに「スペクティ」を導入させた翌年は、そこまでで培ってきたものを活かしながら報道から防災・危機管理の分野へ進出した。そして2020年には新しい機能を盛りこんだ「スペクティ プロ」をリリースした。「報道の分野で『スペクティ』は定番となっている」という事実が親和性のある防災業界での信用となり、進出しやすくなっていたのである。

私は、もともとこのような成長戦略を描いていたので、「スペクティ」が報道業界に行き渡ったあと、投資家の中に「もう事業に成長の余地がないですね」と指摘する声があったことをあまり気にしていなかった。スペクティが本命とする分野は防災だが、そこに手を届かせるために、報道の世界で顧客の問題解決に打ち込んできたことを私自身がよく知っていたからである。

こうして業界に特化した進化を繰り返して行くことで、小さな市場のトップになる↓隣の小さな市場に進出↓その市場トップになる↓隣の小さな市場に進出↓……と展開することができ、やがて巨大マーケットを獲得することは決して夢ではないのである。スタートアップにもいろいろなタイプはあるが、業界特化型の商品やサービスで成功しようとするならば、このようなやり方が最も勝算が高いのではないかと思っている。

天気を軸に世界的に展開したウェザーニューズ

私が成功事例としてもう一つモデルにしている企業に、ウェザーニューズがある。１９７０年代、福島県いわき市の小名浜港を襲った爆弾低気圧により貨物船が沈没。15名の尊い命が奪われた事故をきっかけに、「もっと正確で役に立つ気象情報があれば、この事故は防げたかもしれない」という思いから、海洋気象の専門会社として産声を上げた同社は、１９８０年代には、お弁当の廃棄ロスをなくせるようにと、仕出し弁当屋にピンポイント気象サービスの提供を開始した。その後、放送局向けに衛星画像の提供を、航空会社向けに航空気象サービスの提供を、さらに天気予報として落雷情報サービスの提供を、コンビニ向けにウェザーマーケティングサービスの提供を、サッカースタジアムに気象情報と試合のための対応情報の提供をするなど、「気象」を軸にピンポイントのニーズに対応し続けることで、世界展開を果たした。こちらも東証一部上場企業にまで成長している。

創業者の石橋博良氏の著書によれば、天気をビジネスにするというと、誰もが「それで儲かるの?」という顔をしたという。当時はまだ気象情報の取り扱いが自由化されておらず、予報を流してよいのは気象庁だけで、今のようにバラエティ溢れる気象予報士の人達もいなかった時代だ。「そんな制限された世界で何ができるのか?」と、多くの人は考えた。しかし、そんな疑問に反し、ユニークな大企業に成長した。創業の思いとなる「本当に役立つ気象情報で、多くの人の助けになりたい」が、ウェザーニューズをそこまで導いたのである。市場が広いか狭いかは関係がない。

繰り返しになるが、市場規模が大きければ事業が成功しやすいというのは、思い込みである。私も出資を受けようとする際によく「TAMはどのくらい?」と聞かれ、それに答えると「小さいね」と笑われたりもする。それがイヤで無理矢理数字を作ってプレゼンテーションをしたこともあったが、最近はようやく「それを計算して何か意味があるんですか?」と返せる余裕が出てきた。市場サイズの大小や、そこで何%のシェアを獲得できるかなど、計算したところで意味がない。それを踏まえて「〇年後には黒字化します」などと言うのは、絵に描いた餅でしかない。どうせその通りにはいかないのだから。

そもそも世の中には、もともと大きな市場が存在していたことなどない。どの市場だって、かつてはスタートアップだった今の大企業が飛び込み広げてきたのだ。市場のサイズを気にしすぎて事業立ち上げに迷うのは、時間の無駄でしかない。目の前に解決したい問題があるのなら、迷うより飛び込んだほうがいい。

「やりたい分野」から離れすぎてはいけない

私はとにかく「防災で役に立ちたい」という思いだけは忘れることはなかった。報道機関向けにサービスを特化していたときも、「この技術と成果を防災・危機管理で役立てる」という真の目的を強く意識していた。

初めから防災分野で成功できればもちろんベストシナリオだったが、事業はいろいろシミュレーションをしたとしても、そこまでうまくいかないのが普通だ。むしろ、初めに作ったビジネスアイデアがそのまま成功することのほうが珍しい。

そんな中でいろいろトライしていると、「こういうビジネスなら行けるのでは?」が見えてくる。それがスペクティの場合、「報道」だったわけだ。創業当時の思いは軸としてブレさせてはいけないが、同時に、スムーズにたどり着けるわけがないという前提もスタートアップは忘れてはいけないと思う。

世の中のニーズは様々に移り変わるので、ここを忘れてしまうと、いろんな分野で顧客は増えたが「本当にやりたいことはなんだっけ?」ということにもなりかねない。すると、モチベーションが続かなくなり、困難にぶつかるとすぐに諦めてしまう。あくまで自分の思いに近いところで、勝負をしていくことは忘れてはいけないだろう。

ビジネスとは、大抵うまくいかないものだ。いろんな人に批判され、こき下ろされて落ち込むこともある。「やりたいこと」から離れた事業に進んでしまうと、それに耐えきれない。

やり方、攻め方は常に変えていかなければならない。自分のアイデアにこだわらず、ビジネスモデルも柔軟でいい。だが、それらの源泉となる「想い」をブレさせてはいけない。興味の対象から外れた事業に行ってしまうと、情熱を注ぐことができなくなる。

スタートアップの社長を見ていると、そういう選択をした結果、数年後に会社を閉じてしまっているという人が意外と多い。投資家の声や市場の移り変わりに目移りしてしまうあまり、自分でも興味のない分野に足を踏み入れてしまったに違いない。社長が会社を潰す原因の一つは、社長自身が事業に対する情熱を失ってしまうことだろうと思っている。

「儲かりそう」から距離をとる

私の場合、「防災で事業をする」「災害で亡くなる人を減らしたい」という思いだけは絶対に失ってはいけないと思っている。だが、そのためのやり方はいくらでもある。たまたまSNS解析が得意だったのでそれを主軸に事業を進化させてきたが、ほかのやり方だってあったかもしれない。もしもそちらの道で思いを存分に傾ける事業ができるなら、別にそちらで突き進んでも構わなかった。

半面、「SNS解析が得意」から派生して「この技術を活かして、エンターテインメントの分野で稼ごう」などと言い出したら、これはうまくいかなかっただろう。実際、テレビ局からは「番組の盛り上がりを解析できませんか?」という相談は、今もときどき受けることがある。テレビに限らず、観光やイベント、マーケティング分析など「今、何が盛り上がっている？」をＳＮＳから解析し、情報を分かりやすく見せることは、技術的には可能だ。

それは単発の稼ぎにはよいだろう。しかし、「これを収益の柱にして儲けよう」などと色気を出したら、スペクティはダメになる。

よく「ＢtoＣはやらないの？」と聞かれることがある。ＢtoＢよりもＢtoＣで情報発信すればユーザーが一気に増えるので、展開が広がるのではないかと彼らは考えるのだ。

しかし、私はＢtoＣのビジネスはあまり得意ではなく、興味もない。一般消費者を相手にマネタイズするビジネスを想像しても、自分が成功するとは思えないし、心が躍らないのだ。課金してサービス提供するというやり方や、広告を貼って稼ぐというのは少なくとも私がやりたいことではない。そういう部分にリソースを奪われることを歓迎する気にはなれないのだ。稼げる領域に事業を広げるという意味では、経営者としては正しい判断なのかもしれないが、私のやりたいことではないから、そのうちきっとおろそかになる。

「やらない領域」を決めておく

私がスペクティを経営しているのは、ビジネスを急速に拡大して一攫千金をものにしたいからではない。「世の中のトレンドだから」という理由で無理に合わせることは、かえって事業の根幹を揺るがす危険な行為だと思っている。だから、そういう話に対しては、「やれないことはないが、その事業をやりたい会社は他にあるはず」と考え、距離を取ることを心がけている。

その意味で、「やらない領域」を決めておくのは、気の迷いを防ぐうえで重要かもしれない。私の場合はスペクティが成功し、少なくとも上場するまでは「B to Cはやらない」「マーケやエンタメ領域はやらない」と決めている。そこに合理的な理由はない。しかし、「きっとうまくいかなくなる」という確信だけは持っている。

「お金の匂いがしても、これだけはやらない」というのが大事だ。出資を受ける際に「儲かる事業展開」への進出や方向転換を条件としてオファーしてくることもある。それを断る理由として、経営者は投資家を納得させるだけの合理的な根拠を探す必要はない。経営者の判断は、最後のところは感性でいい。「やらないと決めている」とキッパリ言えれば、それで十分だ。

道を選ぶのに迷った時、「それって本当にやりたいことだったんだっけ?」を問い直すことを忘れてはならない。それを社内で共有するために、私の思いはいつも社員全員に発信し続けている。

「スタートアップは営業に代理店を使うな」は本当か?

「スペクティ」が報道の世界で広がり、次はいよいよ防災の分野に進もうとなったとき、私は営業に販売代理店を活用することを決めた。防災情報システムを販売している大手企業と販売代理店契約を結ぶことにしたのである。だが、この「営業で販売代理店を使う」は、スタートアップがやってはいけないとされているセオリーで、半ば常識となっている。

その理由はいくつもある。

スタートアップの商材は、大手企業のような知名度もなく、革新的ではあるが、一方で前例もない。説明を要する事柄が多いので、代理店にそこを任せたところで、うまい営業トークができない。しかも、商品力を向上させるためには顧客に合わせてどんどん改善していく必要がある。そこで顧客とのタッチポイントを代理店に預けると、顧客の生の声をすくい上げることができなくなる。商材を鍛えて磨く機会を自ら手放すことになるのである。

そんななか、スタートアップと大手販売代理店とでは、力関係が雲泥の差だ。力のある販売代理店が、わざわざスタートアップ側に有利な条件で熱心に販売してくれることは、あまり期待できない。大手の代理店は営業先をたくさん持っていることが強みだ。「たくさん売ってやるから」という交換条件で、不利な取引を飲まざるを得ないかもしれない。さらに、ようやく代理店契約を取り付けても、代理店にとっては数多ある商材の一つでしかなく、代理店の営業マンからすればそんな説明の難しい商材は積極的に売ろうとはせず、結局期待したほど売れないのである。

こうした理由で、スタートアップが初期の頃に販売代理店を使う選択は愚策とされているのである。

顧客への窓口に大手代理店は最適だった

これらの「ダメな理由」は、論理的には正しく聞こえる。しかし、私は「スペクティ」の販売においては、「それは違う」と感じていた。

というのも、「スペクティ」の見込み顧客は、自治体、官公庁、大企業である。小さなスタートアップ企業が直に営業をかけたとして、まともに話を聞いてくれるだろうか。個人経営の小売店や飲食店を顧客にした事業なら、ローラー作戦でやっていくこともできなくはないだろう。しかし、自治体や大企業では、門前払いで終わってしまうのがオチである。

大手企業や自治体への販売チャネルを持っているのは、大手販売代理店である。その窓口を使うことで、初めてまともに話を聞いてもらうことができるのだ。

「きちんと商材を説明してもらえるのか」「顧客の生の声を拾えるのか」という懸念は、スペクティの営業担当も代理店の担当者と一緒に顧客を訪問することで解消した。販売代理店の顔で顧客と面談の機会を持つことができたら、あとはこちらの営業担当がすべて話をする。商品説明からヒアリング、クロージングまで、本題の商談はすべてスペクティ側でコントロールできるように取り計らったのである。

これをしばらく繰り返していると、代理店の営業担当も要領を学んでくれ、適切な売り方による営業範囲は少しずつ広がっていった。代理店任せの営業になるときも、顧客からの要望は直接ヒアリングできるようにタッチポイントを確保する流れをつくっておいた。こうすれば改善のヒントは余すところなくこちらでキャッチできる。代理店の営業担当も伝言ゲームになる煩わしさを省けるので、代理店としてもウェルカムである。

このような関係を構築すれば、スタートアップも大手販売代理店とパートナー契約を結び、意図に合った展開で顧客を拡大していくことは十分可能である。「スペクティ」の販売を開始して1年ほどで8割以上の都道府県で採用されるまでになったのは、このように間に入ってくれた大手販売代理店のおかげである面が大きい。

他にも防災情報が重要な意味をもつインフラ・建設・物流・不動産といった分野の大企業500社以上にも導入されているが、これも代理店が持っていたパイプによるところが大きい。「営業自体はこちらで行う」「顧客の声は直接聞けるようにする」「力関係をイーブンにする」この3つを原則にすれば、大手販売代理店と組むことで、むしろスピーディな顧客開拓が実現できるのである。

ちなみに、３つ目の「力関係をイーブンにする」はスタートアップの場合、とにかく商材の力がカギになる。「スペクティの商品は売れる」と納得させることに成功すれば、代理店にとってスペクティのために動くことは、悪い話ではなくなる。

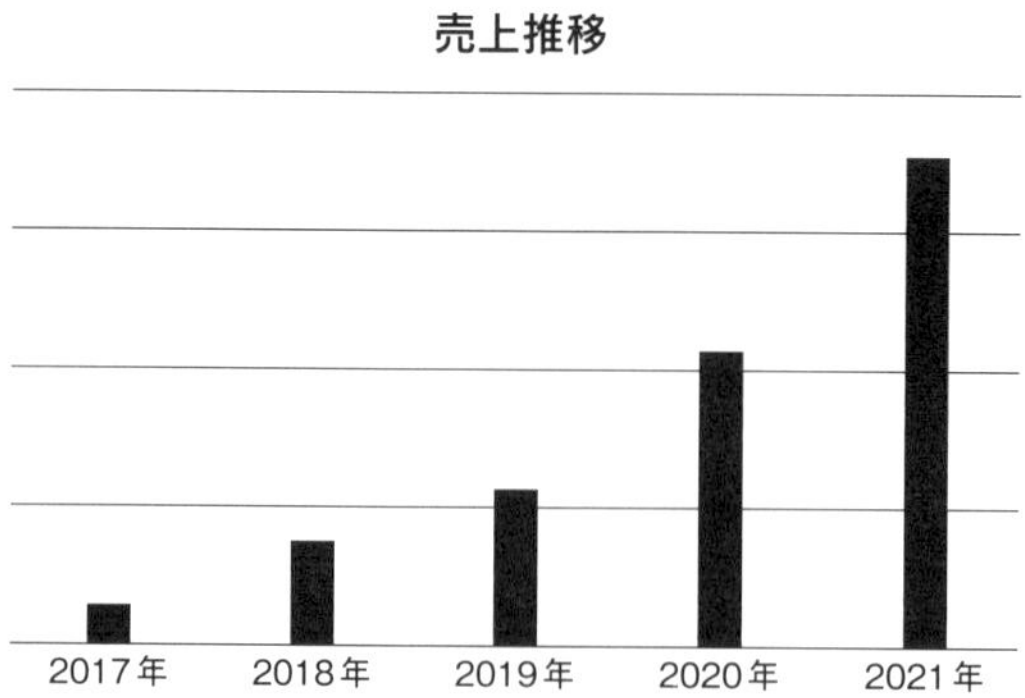

10月決算：各年度10月末時点での業績

スペクティの創業からここまでの業績について、そのポイントを振り返ってきた。それらは一言でまとめると「他人の話に惑わされるな」に尽きるといえるかもしれない。

せっかく人生を賭けて起業するのだ。同じ戦略を練るなら、「儲ける方法」に頭を悩ませるよりも、「真に自分がやりたい分野でやりたいことをして、結果を出していくにはどうすればよいのか」を考え抜き突き進んだほうが、戦いはエキサイティングになる。成功するかどうかはわからないが、やって楽しいと思えるだろう。

第5章

防災は「未来」を見るステージへ AIの活用が次の成長を促進させる

未来の防災に求められるもの

防災の分野でさまざまな情報をリアルタイムに活用し、危機管理に役立てることが「スペクティ プロ」の目指すところである。私たちの使命は、災害状況を可視化し、被害を少しでも軽減し、人々や社会を災害から守ることである。

東日本大震災では、宮城県南三陸町の職員・遠藤未希さん（当時24歳）が防災対策庁舎から防災無線で町民に懸命に避難を呼びかけ続け、津波の犠牲となった。

「歴史にIFはない」かもしれないが、もしもあのとき災害状況の把握と伝達がテクノロジーを用いて遠隔で行えていたら、どうだっただろうか。今はドローンもある、自動音声技術もある。それらを活用すれば被害状況を安全な場所から遠隔で監視して、ドローンと自動音声で人に代わって避難を呼びかけることもできたかもしれない。

災害について、スペクティが進めているのは、過去の可視化、現在の可視化、そして未来の可視化である。特に現在をリアルタイムに可視化し、未来の可視化（予測）の精度をより高めていくことで、被害を最小限に抑えることができるようになる。一般の市民だけでなく、遠藤さんのような悲劇もなくすことができるはずだ。

災害が発生したら、何分後に何が起こるのか、1時間後にはどこがどんな状況になっているのか。これを毎秒変わる大量のデータを瞬時に解析して可視化することにより、防災に関わる職員も、より正しく、より安全な対応が可能となっていく。

私が考える防災対策の理想は、なるべく災害の現場に人がいないこと。防災の「無人化」が、未来の防災にとっては重要なテーマである。災害対応する職員こそが、安全な場所でより的確な対応を判断していけるような世界を作りたいと思っている。

「今を伝える」から「未来予測」へ

スペクティでは「危機を可視化する」というミッションのもとに日々事業を行っている。災害が発生した際にまさにリアルタイムの状況を瞬時に解析し、いま・どこで・何が起きているかを画面上に映し出す。地図や画像でビジュアライズされる。「スペクティプロ」は、そんなサービスとなっている。

道路カメラを活用した道路の路面状態の自動判定

事例　道路の路面状態の自動判定(冠水・積雪・凍結等)

そして、いま我々が力を入れて取り組んでいるのが「未来の可視化」、すなわち「被害予測」である。SNS情報だけでなく、気象データ、河川や道路のカメラ情報、人工衛星のデータ、自動車の走行データ、人流データ、各種IoTセンサーデータなど、様々なデータを瞬時に解析し、災害が発生したときにリアルタイムに「被害予測」を出していこうというものである。

例えば、道路状態を道路カメラなどを活用してリアルタイムで解析して、冠水・積雪・凍結などの危険を事前に把握することができれば、その区間を通行止めにするなどして、被害を事前に防ぐことが可能だ。2018年2月、福井県では北陸地方で発生した大雪の影響で車1500台が立ち往生し、自衛隊が災害派遣される事態となった。車内で一酸化炭素中毒で死亡している男性が見つかるという犠牲もあった。

近年、北陸地方では、このように突如、大雪が降るような気象災害が増えており、除雪車等の対応が間に合わない事態が頻発している。これまでは雪の深さを人が直接現地で測り、道路に設置された積雪状況を監視するカメラも人間がモニターでチェックしていた。しかし、突発する事態に備えて24時間体制でたくさんのモニターを人間が見続けるのは大変だ。

そこで、この映像をＡＩで自動解析し、危険が迫ったらアラートを上げる。それをもとに除雪車の出勤や通行止めの指示を出すといった仕組みを作ることができれば、よりスピーディに的確に対応でき積雪による被害を減らすことができる。

道路カメラ、車載カメラからの映像を受け取り、雨雪判定、積雪の深さ、地吹雪の発生、視程（視界の見通しの程度）の状態、歩道の滑りやすさなどを解析しながら、路面状態を自動で判別する。これなら人間が常に特定の場所でモニターを見続けている必要がない。現在は精度95％以上を達成している。

同様に、河川水位のリアルタイム判定と被害予測も、河川カメラの映像をＡＩが解析することで可視化できるようになってきた。河川の増水の状況から、いつ頃氾濫しそう

ドローンによる画像をAI解析に利用

事例　ドローンで撮影した画像をもとにAIで自動的に被害判定し、5G網を活用して対策本部へ配信

危機管理センターにタイムリーに情報配信

か、氾濫したら被害はどこまで広がるかをいち早くシミュレーションして、その結果を表示することが可能だ。それによって的確なタイミングで警戒や避難を呼びかけることができれば、より効果的な災害対応や救命救助ができるようになる。

AIによる解析の情報ソースとしては、ドローンの活用も有効だ。

SNSの情報はその現場に居合わせた人が撮影したある地点における「点」のデータでしかない。災害状況の全容を掴むには、もっと全体像がわかる俯瞰的な情報、つまり「面」の情報が必要である。

そういった中で有効になってくるのが、ドローンを活用した上空からの画像やデー

タである。災害の状況や被害の状態を上空から撮影し、その内容とＳＮＳ情報を組み合わせて解析することで、現場の状況はより正確かつ詳細に分析することができる。５Ｇなどの高速通信網を活用して危機管理センターにその情報をタイムリーに配信することで、何を優先するか、どこにどれだけのリソースを割くべきかの判断がより具体的にくだせるようになる。

デジタルツインによる被害予測シミュレーション

災害状況をよりわかりやすく可視化していく際にカギとなるのは、デジタルツインの活用である。デジタルツインとは、ＩｏＴ（あらゆるモノがインターネットに接続された状態）技術などの活用により、サイバー空間にリアル空間を再現して予測や意思決定などを行う方法だ。

リアル空間の情報を各種カメラやセンサー、人工衛星データ、ＳＮＳ投稿、自動車のカーナビなどから取得できるプローブデータ（走行記録のデータ）などから取り込み、

デジタルツインのイメージ

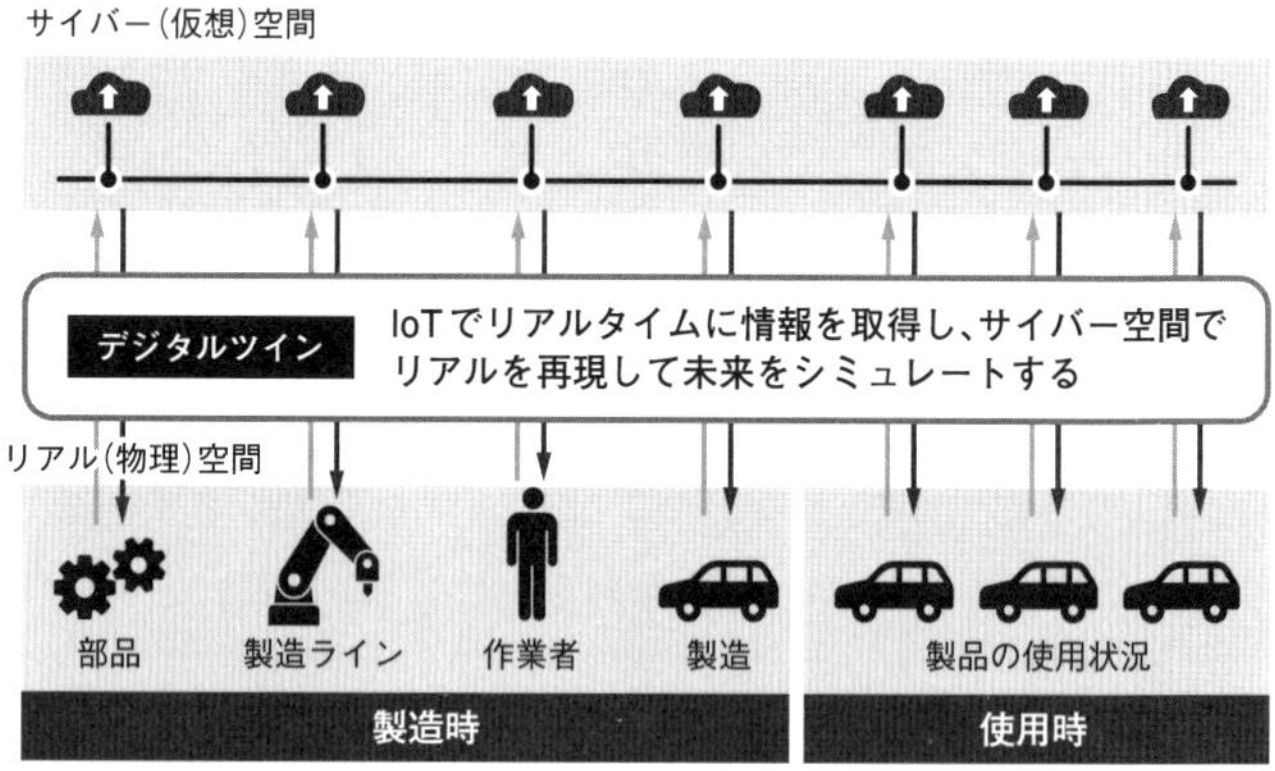

デジタルツインとは、IoTなどのデータをAI等を活用して、現実世界をサイバー空間に再現することで、予測や意思決定などを行う手法やその技術

これをＡＩが解析して、サイバー空間にリアル世界を再現する。その結果、デジタルな双子世界ができることから「デジタルツイン」というもの。リアル空間で何が起こりうるのかをシミュレーションすることができる。

例えば、この先の予測降水量から被害はこのように広がるだろうということを様々なデータから解析し、サイバー空間にシミュレーションすることで、被害対応のシナリオを考え、実際にその被害が起きる前に、より迅速で的確な対応が可能となる。

デジタルツインは、取り込めるデータが多彩かつ豊富で詳細であるほど現実空間に近くなる。このため、スペクティでは、防

デジタルツインの危機管理への応用

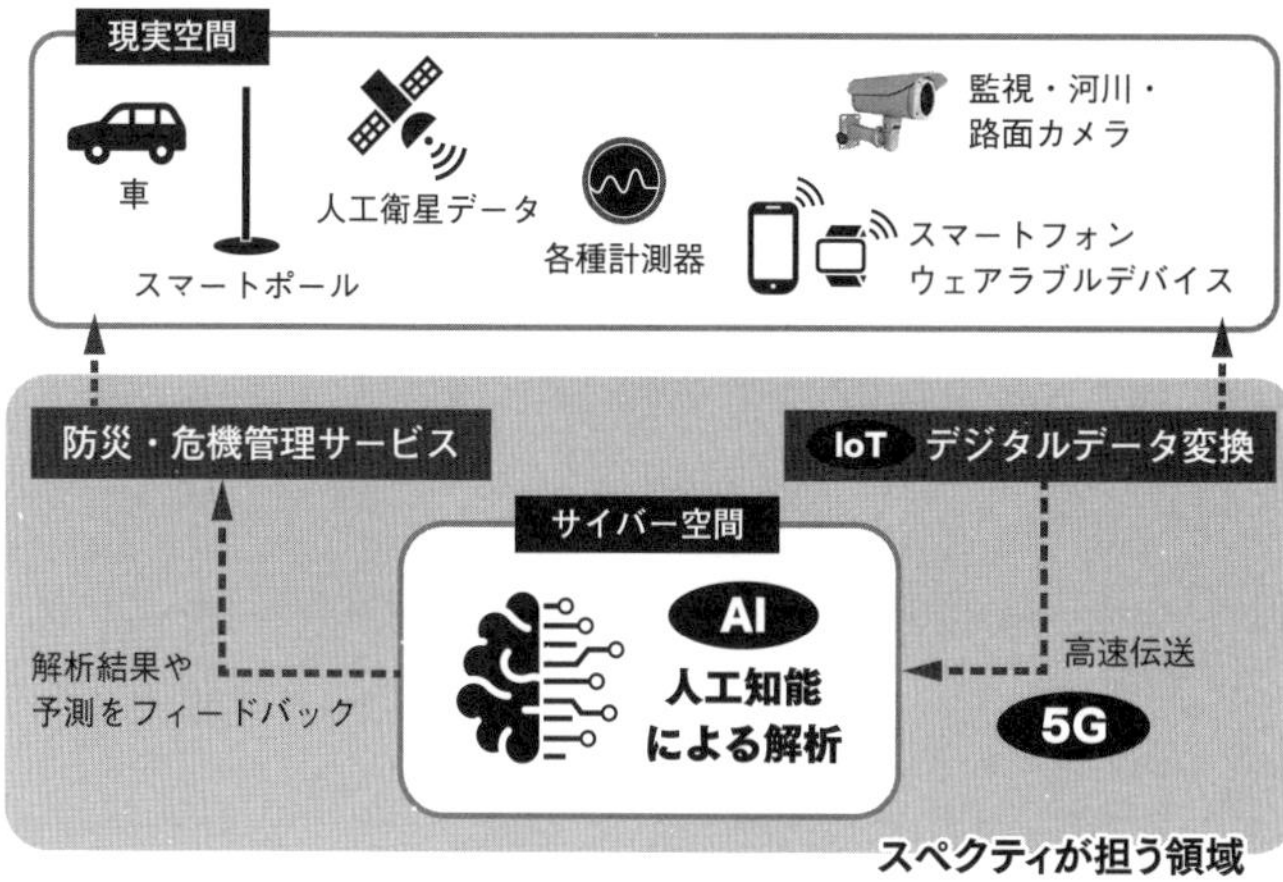

災・危機管理に関するデータをできるだけ各所から集めてデータプラットフォームを構築する戦略を進めている。

情報ソースはＳＮＳ、政府や自治体から取り寄せることが可能な情報、そして様々な民間データである。これには、気象データ、自動車プローブデータ（位置、速度などの計測情報）、人流・混雑データ、衛星データ、各種災害情報、スマートポールおよびスマート信号、カメラ、ＩｏＴ、各種センサーなどがある。

信頼できるデータは多ければ多いほどよく、スペクティでは気象・災害データ、道路・走行データ、街なか・人流・都市データ、衛星データなどの各分野で第一線の企業とデータパートナー関係を結んでいる。

このなかで比較的新しいデータソースとして活用が期待されるのが、スマート信号やスマートポールなどを通じた都市データだ。

スマート信号とはカメラ、ブルートゥース通信機能、ＬＴＥ通信機能などを備えた信号機だ。信号機に取り付けた小さなカメラで道路の混雑状況をリアルタイムにウォッチしており、その情報をインターネット経由で受け取ることができる。

スマートポールは、街灯にカメラ、各種センサーなどを取り付けインターネット接続を可能にしてスマート化したもの。こちらも通りを歩く人の量や道路の様子をデータとして集め、クラウドにアップロードする。そのデータをＡＩが解析することで、さまざまな用途に役立てることができる。東京都は、２０３０年までに25万本のスマートポールを都内に設置することを発表している。

ＳＮＳの画像１枚からリアルタイムで水害状況を予測

災害状況の可視化や予測の部分でいまスペクティが取り組んでいる一つに、ＳＮＳの画像から広範囲の被害状況をシミュレーションして、それを３Ｄの地図上に展開する技術だ。

ＳＮＳの情報はその現場に居合わせた人が撮影したその地点における「点」のデータでしかないため、被害の全体像を掴もうとするには情報として不足している。そこで、ＳＮＳに投稿された画像データを用いて、その周辺の状況を予測シミュレーションするというものだ。現在は水害をターゲットに進めているが、具体的にはＳＮＳに投稿された画像をもとに写っている建物や電柱などと比較して、その地点における浸水の深さを推定する。さらに降水量と周辺の標高などの地形のデータをもとに、投稿地点から10キロメートル四方を自動推定し、デジタルツイン技術を活用して、３Ｄマップ上に再現するというものだ。

ＳＮＳ情報の「点」の情報を、その他のデータと組み合わせたビッグデータ解析で、

SNSから解析したリアルタイム3D浸水推定図

2020年7月4日　熊本県球磨川流域

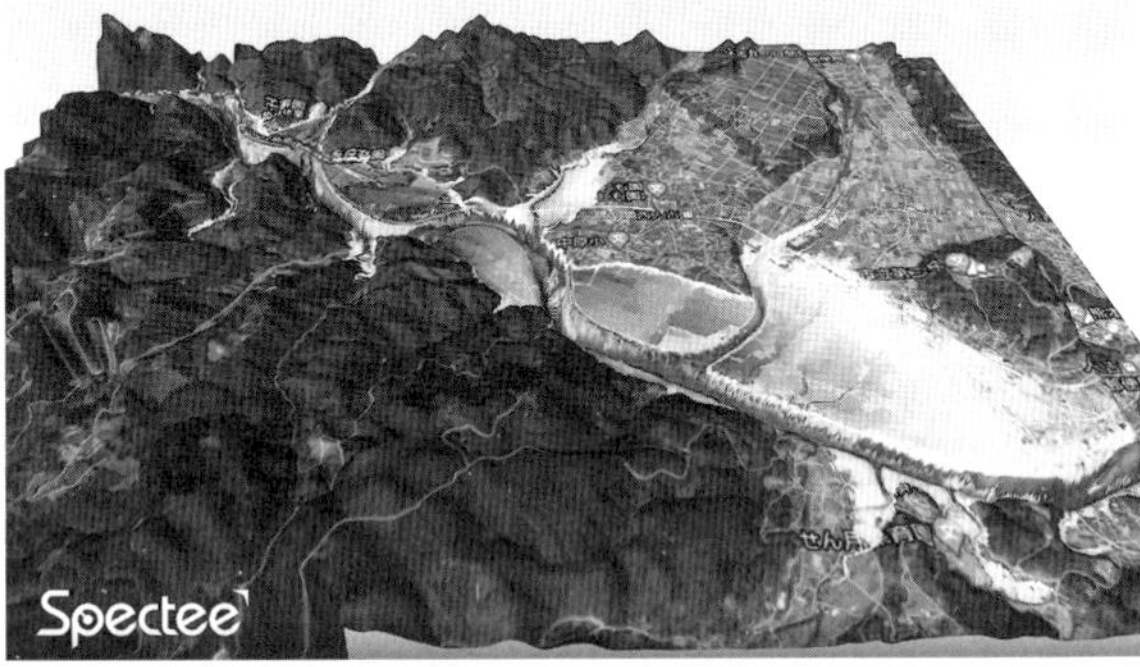

2021年8月14日　佐賀県武雄市六角川流域

Map Data: Google © 2021 / Flood Image: Spectee Inc.

面的にそして立体的にカバーしたものだ。

これが、水害発生直後のＳＮＳの画像１枚からでき、情報取得から数分で再現できるので、まさにリアルタイムの被害状況の可視化である。さらに、そこから10分後、30分後、１時間後どうなるかを予測シミュレーションすることで、現場での災害対応がより的確になると考えている。

「宇宙の目」で予測精度を向上

人工衛星の活用も進んでいる。日本ではロケットや人工衛星といえば、これまでは国の事業というイメージが強かった。一方、米国などの宇宙産業の先進国では、テスラの創業者として有名なイーロン・マスクが立ち上げたスペースＸ、アマゾン・ドット・コムの創業者ジェフ・ベゾスが設立したブルーオリジンなどをはじめとしたベンチャー企業が多く活躍している。日本でも中小企業やベンチャー企業による超小型で低コストの人工衛星の開発など、宇宙産業の裾野が拡大し始めており、人工衛星からのデータの活用が身近になってきている。

災害状況の可視化という点では、人工衛星のデータは非常に有用であると考えられる。SNSの利点はリアルタイムに情報を取得できるというところにある、しかしSNSは一般の人からの投稿であるため、大前提としてそこに人がいなければ情報を取得できない。そのため、人の少ない山間部や夜間は情報量が極端に少なくなる傾向にある。

人工衛星のデータはこの弱点を補完できる。リアルタイム性ではSNSに劣るものの、SNS情報からでは取得が難しい「人のいない場所」の情報をカバーし、より俯瞰的な情報が得られ、被害範囲を特定できる。そのため、スペクティは人工衛星のデータの利活用を目指す内閣府のプロジェクトに参加し、衛星データによる「宇宙の目」とSNS情報による「地上の目」を組み合わせてAIで解析し、より精度の高い被害状況の可視化や予測をするシステムの開発を進めている。

これらのデータ活用は、スマートシティ作りへの貢献にも役立てることができる。

スマートシティのインフラを目指す

「防災」はスマートシティには欠かせない領域である。

スマートシティとは、ＩＴ等のテクノロジーを活用してモノや情報がシームレスに繋がり、交通、物流、エネルギー供給などを効率化し、環境負荷が低く、便利で快適に過ごせる都市のことだ。スマートシティは、様々な都市問題を解決するソリューションとしても注目を集めており、政府も国交省を中心に官民連携でさまざまなプロジェクトに取り組んでいる。

スマートシティでは、資源を効率的に活用したり、住みやすい街にすることのほか、災害に強い街を作ることも目指されている。

防災に強い街とは、①都市空間データと防災関連データを重ね合わせることで災害リスクがわかり、避難情報がタイムリーに共有できること、②３次元データを活用したインフラ構造物の老朽化監視・整備・維持が効率的にできること、③気象データなどの活用により新しい暮らしのあり方や防災に関するテクノロジーやビジネスが生まれること、

④河川カメラなどの情報を活用して大雨時などにも河川の状況が安全にリアルタイムで見えること、⑤災害時に逼迫する水資源（雨水・地下水）利用を最適化することなどの機能が期待されている。

これらは国土交通省のスマートシティ施策のイメージ例だが、この中にはスペクティの技術が活かせるものがたくさんある。例えば、災害リスクの見える化、3次元データの活用、気象データの利活用および連携、河川監視カメラの情報活用、ＡＩを活用した安心な街づくりなどである。

つまり、スペクティは、これからの日本社会で必要とされるインフラの一部を担うポテンシャルを十分に持っているということだ。

自治体への導入実績としては、47都道府県の8割が既に「スペクティ」を使っている。導入している都道府県では、先の道路状況の解析を始め、各地で様々な新しい実証実験も行っている。地域ごとの情報ニーズを丁寧にヒアリングし、その地域特有の防災・危機管理に関する悩みを解決できる情報環境を提供していきながら、スマートシティのプロジェクトの推進を図っている。

ＭａＳの世界で「なくてはならないもの」になる

ＭａａＳとは、「Mobility As A Service（サービスとしてのモビリティ）」のことだ。ある地点から別の地点に移動できることをサービスとしてとらえたとき、その手段、ルート、価格、決済方法などは、利用者に合わせてできるだけ最適化、効率化されていることが望ましい。特にカーシェアリングやライドシェアが進むなか、自動車での移動は、かつてのように「所有する喜び」「運転する喜び」を味わうものというよりも、「よりストレスなく快適に移動するための手段のひとつ」という位置づけでとらえられることが増えてきているからだ。

そんななか、自動運転の技術も進んでおり、できるだけ運転手に負担をかけず、安全に運行できる機能は日進月歩で進化している。私も以前、車を新しくしたとき、高速道路ではもうハンドルを握らなくても自動的に走行してくれる様子を実際に体験し、「ここまできたのか」と感動した。高速道路でオートパイロット機能をオンにすると、前の車に追従し、白線を見て真ん中を走るために勝手にハンドルを操作してくれるのだ。

道路カメラの自動運転への活用イメージ

道路状態自動判定を自動運転車の安全走行に活用

危険ルートを回避
数十メートル先の道路の状況をフィードバックし危険を回避

自動運転の技術は将来、さらに便利で快適、そして安全な方向に進化し、実用化されていくだろう。しかし、それにはひとつ、大きな課題がある。

現在の技術では、自動車はきれいに整備された状態の道路しか自動運転ができない。さまざまな条件で運転しにくくなった道路を目的地に向かって進むことが難しいのだ。

例えば、路面が凍結して滑りやすくなっているところを自動運転に任せるのは非常に危険だ。目的地への最短ルートだからといって、冠水が起きている道路を突き進むことも安全ではない。

だが、現在の自動運転の技術だと、その判断ができない。車は搭載したセンサーを通して、前方の障害物を感知することはできるが、これから通る予定の道路の状態まではわからないからだ。「この先〇メートルで道路が冠水している」といった情報を取得し、その道を避けるべきかを判断し、必要ならばルートを変更する。そういったことは、現在の自動運転では不可能である。いつどこでゲリラ豪雨が降り、道路が冠水するかわからない。やっかいなことに、近年は気候変動の影響か、突然の局地的な豪雨により、一瞬のうちに道路が冠水するということが全国あちこちで発生している。

また、冬の道路を自動運転に任せることは非常に危険だ。冬の自動車事故の7割は道路の凍結が原因といわれている。しかし、このような運転しづらい道こそ自動運転に任せることができなければ、自動運転の技術が真に人間を助けるまでになったとはいえないと思う。

車がどんなに安全に走行できるようになったとしても、道路が安全でなければ、安全に走ることはできない。道路の安全というのは破損などの日々のメンテナンスで対応できるものだけでなく、気象状態によって変化する道路状態にも常に気を使っていなければならない。交通事故はむしろそちらに起因することのほうが多い。つまり、道路の状態の変化をリアルタイムに判定し、その情報を個々の自動車にフィードバックする仕組みが整わなければ、自動運転は限界を突破できないのだ。

ここで活用できるのが、先に紹介した道路カメラを活用した道路の路面状態を自動判定する解析の仕組みである。P154の図のように、路面状態の情報を自動車が受け取り、危険なルートを回避して進むナビゲーションシステムの誕生が待たれている。スペクティがまさに取り組んでいる領域だ。

このように、私たちは、今までに培った技術で街中のあらゆるデータを解析し、災害・危機管理のために役立てていくことを目指している。新たな危険に対し、瞬時に状況を可視化し、予測・回避するための役割を獲得していくつもりだ。

防災ビジネスはもっと盛り上がっていい

防災の分野でAIを駆使した情報解析サービスを自治体が利用しようと思ったら、国内では現状、スペクティ一択の状況になっている。そこまで技術を尖らせてオンリーワンの地位を得たことは誇らしく思う半面、日本で防災ベンチャーが次々と現れてこないことには、複雑な思いもある。

例えば、アメリカのシリコンバレー発のベンチャーには、ワン・コンサーンという、ＡＩによる水害リスクをシミュレーションする企業がある。

あるいはエバーブリッジという会社は、データ解析に基づく危機予測情報や緊急時コミュニケーションなどのサービスを提供しており、２００８年の設立ながら、１３００人を超える従業員を擁し、もはや「ベンチャー」と呼ぶには相応しくない規模にまで成長している。アメリカに限らず、ヨーロッパにも防災や危機管理の分野で国際的に活躍するベンチャー企業は存在するのだが、日本ではそうした気運があまりにも乏しい。

日本の自治体の防災システム構築を担っているのは、国内大手ＩＴサービス会社数社で、市場全体としては硬直している印象だ。スペクティはここに「ＡＩによるリアルタイム情報解析」という特化したサービスで喰い込んでいったわけだが、もっといろいろと新しい技術でさまざまな提案をする企業が現れてもよいのではないかと思っている。

大手企業は安定感がある点で自治体に好まれている部分があるのかもしれないが、現場で見た印象では、技術的に高くて挑めないということは決してない。特にＡＩの世界は大企業のほうが技術的に優れているといった分野でもない。むしろベンチャー企業のほうが、大手ＩＴベンダーよりもかなり先を行っている部分が多いのではないかと思う。

アメリカでは最新のＩＴ技術として、ＡＩやクラウド化などを大いに活用して情報管理がなされているが、日本の自治体に入っている防災のシステムは古い建て付けのままになっている部分が多い。「災害大国」といわれるほど毎年大災害を経験している国なのに、防災の分野で名乗りを上げる新進気鋭のスタートアップが少ないのは、残念である。

日本では、災害に対して、ボランティアやＮＰＯ法人の活動などは活発だが、ビジネスとしてこの分野に関わろうとする人が少ない印象だ。もちろん参入してきた企業がライバル商品を提供するなら、スペクティは迎え撃たなければならない。しかし、それよりも「我こそは日本の防災を変える」という志をもったスタートアップがもっと現れて、この市場の裾野が広がり、盛り上がってほしいと思っている。

これからの防災はハードよりソフト

これまで国や自治体における防災分野の予算は、建設や土木などハード面での強化に対するものが多かった。「耐震を強化しましょう」「堤防を作りましょう」といった、より巨大な構造物によって被害を防ぐという考え方が主体で、そこに何億円・何兆円もの税金が投入されてきた。

しかし、近年発生している自然災害は、そういった人間が作った構造物による対策をあざ笑うかのように、被害はそれを上回り、いわゆる「想定外」の事態を見せるケースが増えている。地震、津波、台風、ゲリラ豪雨、土石流、豪雪など、世界規模の気候変動により激甚化する自然災害の被害は、堤防をはじめとするさまざまな防災設備（ハードウェア）では、完全に防ぎきることが難しくなってきている。

そうした状況のなかでは、ハード面の強化一辺倒の対策だけではな限界が来ており、ソフト面の強化で被害を小さくするという考え方に積極的にシフトしたほうがいい。その一つがＡＩの活用だ。災害の状況をＡＩでリアルタイムに解析し、瞬時に被害予測を出し、より早く的確に避難指示を出し、住民の避難に繋げることで人的被害を限りなく小さくすることが可能である。

ソフトウェアの開発にもお金はかかるが、巨大堤防を作るような途方もない資金は必要ない。現状、建設や土木に割り当てられている防災予算の何割かでもソフトウェアの

「危機」を可視化するデータ解析プラットフォーム

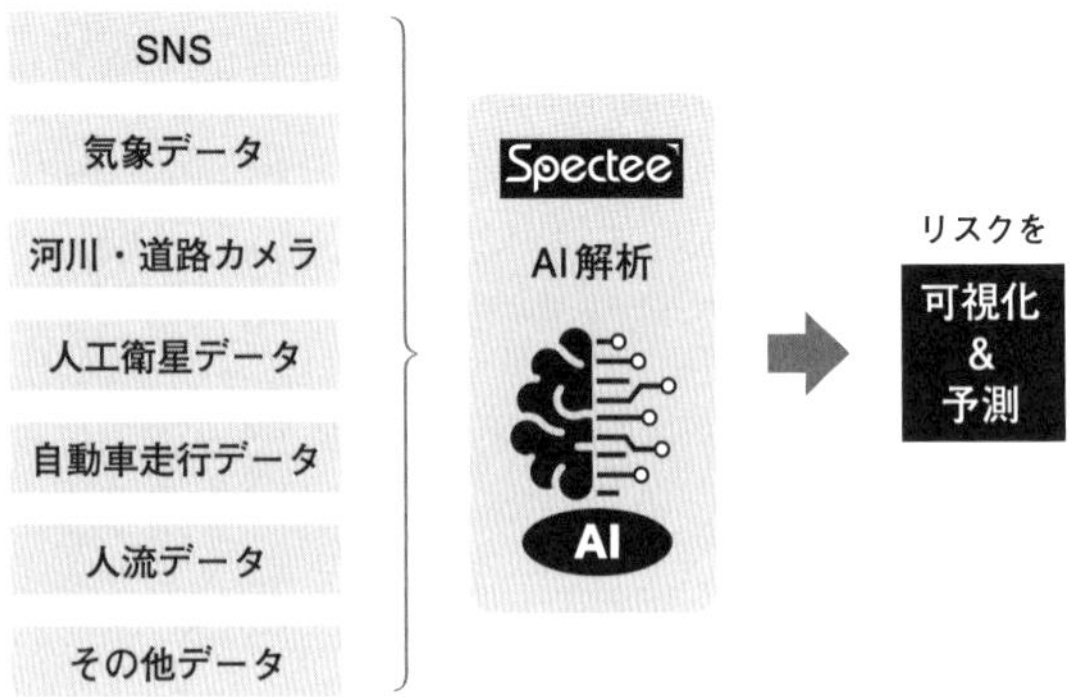

開発やその導入に投じられれば、はるかに効果的な防災対応が可能になるだろう。

巨費を投じた堤防が「想定外」で壊れ、また直しては壊れ……を繰り返すのをよしとするのは、場当たり的で時代遅れにも感じる。ハード面ではある程度の備えをしたら、「災害はそれを越えてくるもの」という前提のもと、ＡＩなどを積極的に活用して、災害状況を瞬時に分析でき災害対応にあたれるソフトウェアの強化のほうが、よほどコストパフォーマンスの高い防災が可能になると言える。

そのためにも、防災・危機管理におけるＡＩ情報解析の「スペクティ」の有用性は、ますます積極的に提唱していかなければならないと思っている。

「予測して動く」を当たり前にして「リスクゼロ」を手放す

日本の防災において、ハード面での備えに力を入れがちなのは、災害に対する日本特有の考え方によるところも大きいだろう。

コロナ禍における政府への批判の傾向にも見られたように、日本では災害に対して「ゼロリスク」を当たり前のように要求しがちなところがある。日本のコロナ対策は、100万人あたりの死者数で見れば、アメリカ、イギリス、フランス、ドイツなどほかの先進国と比較してかなりよくやっているほうに見えるのだが、一人でも死者が出るとそれがクローズアップされ、「行政が悪い」という批判が起きてしまう。言い換えると、日本は海外に比べて行政に「守ってもらいたい」という意識が強いと言えるのかもしれない。

住民がこのように、あらゆる災害に対してゼロリスクを求めると、行政は耐震設備や堤防などを作る際、どうしても巨大化させて「どんな揺れが起きても大丈夫」「1000年に一度の津波でも安心です」と約束せざるを得なくなる。一人の犠牲者も出さないためなら、何千億円もの費用を投じることも辞さないというやり方をとらざるを得なくなってしまうのである。

アメリカは、この辺りがより現実的で、費用対効果を考えて最適な防災対策を設計する。防災設備ばかりに巨額なコストをかけるのではなく、予測とシミュレーションに力を入れ、「この場合は、どう対応するか」のシナリオをたくさん用意して災害に備えている。

一方の日本では、防災設備によって「１００％安全」が実現することが望まれる。誰一人として犠牲があってはならないという考えなので、ＡＩの予測を活用して、人々に安全な移動を促し命を守るという対策は、どうしても受け入れられづらい。近年、その辺りは少しずつ人々の意識が変わりつつあるものの「情報を活かして自分が動き、身を守る」よりも「行政がしっかり対策し、守って欲しい」という気持ちの方が根強い印象である。

そして、ゼロリスクを要求するがあまり、結局堤防などの防災設備、つまりハード面の強化に比重が向けられてしまう。

しかし、どんなに対策を講じても、犠牲が生じる確率をゼロにすることはできない。財政には限りがあることを考えると、その確率と防災にかけられる費用とを天秤に掛け、ハード面・ソフト面の対策の最適なバランスを、もっと積極的に探らなければならない。

危機管理情報を新しいビジネスへ

スペクティの防災・危機管理情報は、さまざまな業界に注目され始めており、これからは多様な協業関係が生まれてきそうな気配である。

例えば、損害保険会社とは、スペクティが生成した水害発生時のデータを利用して、水災害の被害調査に役立てるための実証実験が進んでいる。災害保険はなるべく早く支払われることが被災者の生活再建にとって重要だが、大規模災害が発生した場合、被災地に入って調査をすること自体ができない場合が多い。さらに、被災地の安全が確保されたあと、調査員が契約者の住宅を一軒ずつ回って被害状態を確認し、その後、保険金を支払うといったことをしていると、保険金が契約者に渡るまでに下手をすれば１年以上かかってしまう。それでは被災者は生活に困るうえ、街の復興の遅れにもつながってしまう。

だが、先に紹介したＡＩによる浸水状況の推定技術「リアルタイム３Ｄ浸水推定図」を活用することで「このエリアからの保険申請は正しい申請である」と見て、迅速に保険金を支払うことも可能になる。

物流業界や製造業のサプライチェーンのリスク管理の分野での注目度も高い。物流はその名のとおり、モノを運ぶ社会のインフラである。私たちの日々の生活に欠かせないものであり、それは災害時でも変わらない。むしろ災害時だからこそ、途絶してはいけないのだ。

２０２１年１月、関越道と北陸道は大雪に見舞われ、多くのトラックが立ち往生に巻き込まれた。数日に及ぶ真冬の立ち往生に、ドライバーは「命の危険を感じた」という。あるドライバーは、「道路情報サイト『i-Highway（アイハイウェイ）』に何も表示されていなかったため、行けるところまで行こうと考えたが、つかまってしまった」と証言した。

このとき、スペクティは立ち往生が発生する兆候をいち早く察知し、高速道路会社が通行止めを発表する何時間も前に注意喚起を発していた。利用する自治体などはその情報を把握し、直ちに対応にあたったが、情報を取得できていない道路管理会社等では対応が後手に回ってしまった。もし、この情報を運行管理責任者が迅速にドライバーに展開していたら、ドライバーの判断は変わっていたのではないか。

製造業は自社の工場だけでなく、一部の製造を下請けの会社に委託したり、部品等を中小の製造会社から供給を受けていたりするため、完成品を作るまでに様々な会社が層のようにつながって、いわゆる「サプライチェーン」を作っている。

２０２１年２月に福島県沖を震源とするマグニチュード７・３、最大震度６強の地震が発生した。それにより福島県内のサプライヤーからの供給が止まり、様々なメーカーの工場の操業が長期にわたり停止した。例えば、トヨタ自動車では、９工場14のラインで生産がストップ。最長で23日間操業が停止する事態に陥ってしまった。

サプライヤーの被害状況をより早く的確に把握することで、こういった事態でも適切な対応策を判断できる手段として、スペクティは有用である。そういった背景から、スペクティの危機管理情報を活用する製造業が増えている。

最近、問い合わせが増えているのが旅行会社だ。旅行会社には、出張時の社員の安全を約束するパッケージプランを作りたいというニーズがあり、そこに有用な情報提供ができないかと探っているところだ。

日本では、出張先で台風に遭い、飛行機が飛ばずに戻れなくなるということが夏場によく起こるが、そうした事態が発生する場合、その際のリスク情報を早めに知りたいといった要望が強い。台風は進路が予測できるので、その予測は比較的難しくはないが、ゲリラ豪雨や突然の大雪などでも飛行機が飛ばなくなることがある。そういう時にも早めにホテルを手配するサービスを旅行会社は用意したいわけだ。社員は予定変更になるが、その情報が早めに分かればストレスは少ない。時間も有効に使える。このような情報提供とホテル予約サービスを付加価値として、他社と差別化を図りたいという旅行会社が増えている。

国内の出張だけではなく、海外出張におけるニーズも高い。海外でも自然災害が増えているうえ、国によってはテロやクーデターといった政治的リスクも高い。海外で発生するリスクをいち早く知って、出張者や駐在員に伝え必要な対策を立てることも重要で、旅行会社もそういったパッケージを模索している。

その他に災害やリスク情報の解析でニーズが高いのが不動産業界である。国土交通省が2020年に、不動産取引の際に、水害ハザードマップ上に所在地のある物件に対して、水害リスクの説明を義務化する宅地建物取引業法の改正を行った。それにより不動産業界では水害の早期把握が注目を集めている。

また、金融取引においてもリスク情報は重要だ。２０２１年にスエズ運河でコンテナ船が座礁し、ヨーロッパと中東やアジアをつなぐ航路が止まり、世界中の物流に大規模な遅延が発生した。これにより関連する企業の株価が下落するなど金融市場も混乱となった。スペクティではこの情報を地元の報道メディアよりも早く、伝えていた。こういった情報をいち早く入手できていれば、金融取引において大きな損害を受けることなく、売り買いができるであろう。

ここ最近、「スペクティに聞いてみると、何かできるんじゃないか？」というイメージも広まりつつある。「防災×ＡＩならスペクティ」と、多くの人が認識してくれているのは、とてもありがたいことである。

スペクティは災害から人々を守るために、いま起きていることを遅延なくリアルタイムに可視化することで、多くの自治体や企業に広がってきた。そして、「未来の可視化」を通じて、災害で失う人命も社会の損害も「ゼロ」にしたいと考えている。技術が進み、様々なデータが取得可能になってきており、それらをビッグデータ解析することで未来は予測可能だと考えている。当然、遠い先の未来は予測できない、しかし災害が発生する直前・直後の変化は予測できるはずであり、それを私たちは実現したいと思っている。世界から自然災害がなくなることはないが、そのとき、スペクティという会社があって良かったと、そういう存在になれていたとしたら、創業時に抱いた私の思いは、社会にとって確かに意義のあるものであったと思えるだろう。

おわりに

――災害で失われる命は、一人でも減らさなければならない。

私が起業した思いは、それがすべてである。

阪神・淡路大震災と東日本大震災の被災地に立ったとき、私は「自分にも何かできないか」との思いから、ひたすら目の前の瓦礫を一つ、またひとつと撤去する手伝いをしていた。

起業したあとも、私の思いはあの頃と変わっていない。その思いを突き進むなか、信頼できる仲間が増え、その力を借りながら、目の前の問題を一つ、またひとつと解決してきたのである。

創業して10年になるが、秋葉原のコワーキングスペースのノートパソコンを持ち寄って打ち合わせをしていた頃と比べると、かなり遠くまで来た感もある。だが一方、私が成し遂げたいことは、まだ1%も達成していない。

ここまでの道のりを共に歩んでくれた仲間達と、スペクティに可能性を感じ、さまざまなかたちで関わってくれた方々に心から感謝したい。


——気候危機に立ち向かう。


2019年9月のIPCC（気候変動に関する政府間パネル）で、正式に「気候危機」という言葉が定義された。報告書の中では、2040年までには地球上の平均気温は1・5度上昇し、それにより様々な災害や環境上の弊害が発生すると言われている。

近年、日本各地で線状降水帯による大規模な水害が発生しており、巨大な台風の発生リスクも高まっている。ニューヨークでは大都市のど真ん中で洪水が発生し、ドイツでも過去に類を見ない大洪水が起き、150人以上の人が亡くなった。

スペクティとしてこの気候危機に何ができるか。

「いま起きている危機を可視化し、未来を予測する」そのことにすべてのリソースを注ぎ込んでいる。この気候危機から一人でも多くの犠牲をなくし、被害を抑える、そこにすべての社員がいま一丸となって取り組んでいる。

――心から安心して暮らせる社会にしたい。

災害情報の解析を通して私がやりたいことは、結局のところ、そういうことである。新たな「危機」は繰り返しやってくる。２０１９年末、私たちは新型コロナウイルス感染症という未曾有の危機に遭遇し、見えない・予測できない恐怖と向き合わざるを得なくなった。恐れや不安とは、未知であること、すなわち「見えないこと」「予測できないこと」によって生じる感情だ。

だが「危機」を可視化し、予測できるのならば、それは危機ではなくなると考えている。これからもまた、人類が経験したことがないような「危機」と対峙しなければいけない日が必ず来るであろう。そのとき、その「危機」を可視化し、予測することで、人々が恐れと不安から解放され、安心して暮らしていけるために、私たちは役に立ちたいと思っている。

本編でも紹介したシリコンバレー発の防災ベンチャーは、国際的な展開のなかで日本にも上陸し、保険会社などと連携して防災ビジネスの展開を始めている。だが、自国の災害に対応するために海外のシステムを頼らざるを得ないのは、私にとって歯がゆい思いだ。スペクティは、もっともっと成長しなければならないと痛感する。

これほど多くの災害を毎年のように経験している国は、世界で見ても、日本をおいて他にない。ならば、防災・危機管理の分野では日本のベンチャーが世界をリードしなければならない。そういうプライドで、私は己を奮い立たせている。

スペクティは、災害大国・日本発のスタートアップだ。近い将来、必ずこの分野で世界を牽引する存在になりたいと思っている。

本書を通し、一人でも多くの人がスペクティに共感し、防災という分野に興味をもってくれたのなら、著者として嬉しく思う。

２０２１年11月　村上建治郎

村上建治郎（むらかみ・けんじろう）
株式会社Spectee 代表取締役 CEO

1974年 東京都出身。米ネバダ大学理学部物理学科卒、早稲田大学大学院商学研究科修了（MBA）。
エー・アイ・アイ株式会社（ソニー子会社）にて、オンライン・デジタルコンテンツの事業開発を担当。2005年 米Charles River Laboratoriesに入社し、日本企業向けマーケティングに従事、2007年シスコシステムズに入社、パートナー営業などを経て、2011年東日本大震災の発生直後から災害ボランティアを続ける中で、被災地からの情報共有の脆弱性を実感したことをきっかけに、被災地の情報を正しく伝える情報解析サービスを目指してユークリッドラボ株式会社（現・株式会社Spectee）を創業。

本書についての
ご意見・ご感想はコチラ

AI防災革命
災害列島・日本から生まれたAIベンチャーの軌跡

2021年11月17日　第1刷発行

著　者　　村上建治郎
発行人　　久保田貴幸

発行元　　株式会社 幻冬舎メディアコンサルティング
〒151-0051　東京都渋谷区千駄ヶ谷4-9-7
電話　03-5411-6440（編集）

発売元　　株式会社 幻冬舎
〒151-0051　東京都渋谷区千駄ヶ谷4-9-7
電話　03-5411-6222（営業）

印刷・製本　瞬報社写真印刷株式会社
装　丁　　堀 稚菜

検印廃止

ISBN 978-4-344-93692-8 C0034
幻冬舎メディアコンサルティングＨＰ
http://www.gentosha-mc.com/